冯译萱 著

行在文脉间
——闲说阿城和他的创作

山西出版传媒集团　山西人民出版社

阿城父亲钟惦棐

钟家全家福

青年阿城

阿城所绘周恩来像

阿城在美国（1994年）

阿城与王安忆、陈村（1995年）

阿城与刘小东

第62届威尼斯国际电影节金狮奖评委合影

阿城与王朔、须兰、陈村

阿城为中央美院研究生讲解云冈昙曜五窟

目录

前言 /001

父与子、经验与记忆：阿城文化思想的形成 / 005
从呱呱坠地说起 /007
"知识结构"是关键词 /019
一眼望不到头的建设兵团 /026
到美国去 /034

从蔚然成风的"寻根文学"到径自的文化寻根之路 / 041
缘起寻根 /043
何为"根" /050
变革现实的理想——以《生活理想与审美理想》为例 /057

价值与主义 / 067
不同"道"，道不同 /069
断裂与接续 /076
从现实主义到自然主义 /083

美术与小说 / 093
散落的美术形迹 / 095
线性生长与骨法 / 100
无画处成妙境 / 106
光影意象 / 112

小说与音乐 / 121
音乐发烧友 / 123
结构的"旋律性" / 128
可读出的节奏 / 137
对位法与小说结构 / 146

电影是一种生活方式 / 155
电影生活 / 157
从"电影人"到"电影观" / 161
电影化叙事 / 166
小说的"镜头语言" / 171
文字的"声画合一" / 176
影视创作——从《芙蓉镇》到《刺客聂隐娘》/ 179

《遍地风流》:曾被拒绝发表的文体 / 193
另一种文化复归 / 196
化传统为先锋 / 203
时代的众生样本 / 210

阿城的"古"话连篇 / 217
"众神归位"的字词 / 220
一半文言一半白 / 227
民与俗的活泼生命 / 233

意象·氛围·生命 / 241
诗意人生 / 245
表于意象,融于氛围 / 250
文字是感觉的诗意流露 / 255

若为自由故 / 265
从心所欲不逾矩 / 269
限度·维度·超越 / 279
"同情"的土壤 / 286

遥远的巫 / 293
艺术起源于巫? / 296
幻象——中国造型的源头 / 301
"巫"与文化基因 / 309

君子和而不同 / 313
世俗关怀与人文视角 / 316
映照中西的文化之思 / 321
认识论的思辨色彩 / 326

写在最后 / 331

前　言

阿城是何人？有人如此描述：他土丘样的鼻头泛着红，每到杨柳絮子狂躁的时节，那鼻子总会更为狂躁地爆发阵阵喷嚏，让人震惊，或清醒。清醒时，他鼻上常架着副眼镜。透过那近乎完美之圆的镜片，他总是目光执着地砸向那些引起他兴趣的东西——比如花种、说明书、拓片，或是一碗热腾腾的汤面。倘若身处市井，他或许只会是人们眼中的一抹背景，但若偶然听他讲起了故事，定会惊叹：好家伙！

近1000年前，大宋的"美食博主"东坡先生，许是烹着猪肘大笔一挥，提出了"文如其人"之念。倘若他不幸认识有才无德的崔颢，则必然会谨慎起，这世上还有概率学一说。幸好，阿城的存在让他挣回几分得意，应了"文如其人"的判言。

阿城的身上带着一股子古气，读他的文字，可察觉其中弥漫着沉静、直拙，大有古代文人士大夫与旧小说基因的遗留。正因如此，在文化热浪滚滚的二十世纪八十年代，他于意料之外、却是情理之中地，于"寻根"之途留下了属于自己的深刻脚印。

寻根，是当代文学史中对传统、对民族的一次重大回潮。二十世纪八十年代，中国像一片干涸已久的荒野，冀望着文化浪潮的复归，一代青年高举文化旗帜，终于带来久违的甘霖。是时代的需求，也是历史的必然，"文化热"为中国奏响新时期的一曲恢弘旋律。跻身于时代潮流，1984年的阿城第一次发表小说《棋王》就引发轰动。精准的字词，耐人寻味的语句，恰如其分的拼搭集结，一方特色鲜明的文学空间乍现眼前。接踵而至，《树王》《孩子王》《遍地风流》系列短篇发表，文坛于是炸了锅般"满城议论阿城势"。

那时候，伤痕与反思的波涛汹涌而至，但阿城的文字所展现的传统底色别开生面，他构画的是与众不同的景观。现在来看，传统文化自是众所周知的财富密码，连巷子口的烤肉店，都知借着非遗的名号招揽流量。但在那个断裂的、狭窄的时代背景下，传统却实在是个新鲜玩意儿。于是乎，当阿城把老祖宗遗留的传家宝又搬上了台面，众人一愣，那叫个惊喜！

有人说：阿城被当代文学史高估了，他凭着寥寥的作品，却占据了文学史的高峰。当然也有辩白，文学史上不乏一炮而红就终身享誉的作家——写《麦田里的守望者》的塞林格，写《台北人》的白先勇。有人笔耕一辈子，作品车载斗量，可就写不出《棋王》。那些评说褒贬不一，时候久了，就像柳树开花，始终没个结果。所幸有趣的是，在作家这个自古文人相轻的圈子里，众人对阿城却甚少轻言——

莫言说阿城"小说一开始就站在了当时高的位置上"，世事洞明、人情练达，十几年后的随笔也保持着同等境界，难得令人感受世俗的一派天真。

王朔又说："我以为北京这地方每几十年就要有一个人成精，这几十年成精的就是阿城……若是下令，全国每人都必须追星，我就追阿城"。

汪曾祺先生言："读了阿城的小说，我觉得：这样的小说我写不出来。我相信，不但是我，很多人都写不出来。"

当然，你有理由揣测其间不乏人情往来、商业互捧。可若品过其文字，方会感叹，其知识之通达渊博，创作之意味深长，确是藏着同时代人少有的底蕴。

众人知道阿城，多是因着文学，毕竟小学课本里还印着他的句章。可若是仅从文学来看这个人，则有些盲人摸象的意味了。有人趣言：他是画家里最会讲故事的，是作家中最懂音乐的，是摄影师中最会修汽车的，是美食家中最懂拍电影的。在这个集体造神的时代，他本有资历搞一番自我营销，成为远离烟火的传说，但是，他却选择像个接地气的大爷，享受着杂家、生活家的喜乐，仿佛是劝告众人：人啊，要明白，务实地活着，才是生的根本。就像余华那句"人是为了活着本身而活着，而不是为了活着之外的任何事物而活着"。

我对阿城的了解，始于学业研究，而后却因着他庞杂的知识、有趣的思考蔓延开来。通读过几乎所有他本人发表的作品及对他的作品进行研究的文字后，我意识到人们对他的认知，疏漏了许多——无论是他早于《棋王》发表的零散文字的考察，如随笔《短篇小说浅谈》《毕加索能引起多少人的兴趣？》《绘画应该是绘画自身》，以及我认为对其创作研究极为重要的一篇影视评论《生活理想与审美理想》，抑或是他文字中所蕴含的其他艺术形式的特质，例如美术、音乐、电影、诗学与其文学创作的交融结合，都值得被挖掘、被品读、被展现。所以，借着书写学术论文的契机，我在前人对阿城多角度、多层面研究的基础上，决定再填补些缺漏，延展些细节，毕竟，那是个生动的阿城。

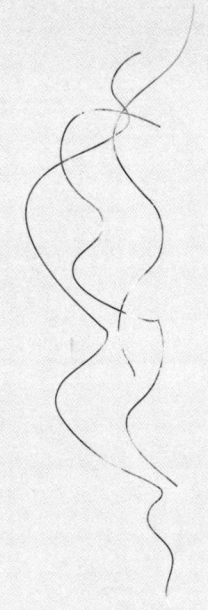

父与子、经验与记忆：
阿城文化思想的形成

从呱呱坠地说起

当下很流行一句论调:"幸福的童年治愈一生,不幸的童年用一生治愈",内核就是原生家庭(family of origin)的理念。无论热门影视剧,还是社会学、心理学研究领域,都已有无数案例印证,幼年时家庭的氛围和习惯,会显性或隐性地投射于人们成年后的思想、观念、情感中。纵然相对于成长中的教育、经历等其他因素,家庭影响并非起决定性作用,甚至可以被强大的个人意志完全摆脱。但相对的,在抗争、脱离家庭的过程中,同时产生的亦是由家庭而带来的反作用力。可以说,我们"自我"的形成终究受制于家庭,其影响往往起到奠定底色的巨大作用,甚至在潜移默化,伴随我们一生。

阿城自是知道童年经验与个人思维的关联,他曾敲黑板、划重点宣扬此类常识——杏仁核童年时期开始大量储存情绪记忆,那也是人类童年经验会影响一生的原因。[1]可人们研究阿城时,无论是吃瓜群众还是学者,对阿城家庭的了解普遍稀少而零碎,只有部分人谈及其父钟惦棐,并将他儿时的家庭变故置放于"文革"背景中一笔带过,人们看到的更多是家庭带给成长的伤痛烙印,反之却忽视了父亲和家庭对他启蒙和成长的濡染。如此,想了解阿城的思考方式、思想根源,不妨以家庭为切口,从其呱呱坠地说起。

1949年1月31日,大年初三,北平迎来了历史性的一天,正式宣告和平解放。随着解放军入城,阿城的父母、革命前辈钟惦棐与张子芳也随之来到了北平,就在筹备开启新篇章之际,4月5日,作为钟家的二子,阿城在门头沟一带呱呱坠地了。那时候新中国还未成立,阿城后来笑称,自己也算旧社会的过来人。

出生时,阿城被取名钟城子,有纪念"农村包围城市"的革命战略成功之意。但那时,人们还未摆脱临近岛国多年侵扰的阴影,父亲钟惦棐的好友蔡若虹,直言不讳,或是调侃了一番名字的"岛国生鱼片"味,于是建议换了名字。由于蔡先生祖籍江苏,习惯了"阿炳"之类的称呼,最后,城子换作了阿城。

阿城儿时家境可谓殷实美满,父亲钟惦棐是1937年

---

[1] 阿城:《常识与通识》,江苏凤凰文艺出版社,2016,第134页。

参加革命的老延安，母亲张子芳也属政府职干。张子芳15岁参军入党，先后参加冀中军区北进剧社、中央党校文工团，多年后离休时已担任北京电影制片厂办公室主任。阿城年幼时，父母忙于工作，无暇照顾，所以一度将他寄养到了乡下的亲戚家。三岁那年，阿城突然患了病，肺结核，被接回北京治疗。他后来自言，在那年月里，急迫成长的幼小生命无法得到物质保障，也许只是营养不良也未可知。总之，因祸得福，阿城在乡下寄居了三个春秋后，重新回到了北京，又因当时父亲的工作时常出入中南海，所以他也有幸成了那里的常客。

成长的日子里，父母依旧忙碌，钟家的几个孩子便由两个阿姨照顾着。在阿城的回忆中仍有记述："小的时候，我家住的大杂院里的妇女们无事时会聚到一起听《红楼梦》，我家阿姨叫作周玉洁的，识字，她念，大家插嘴，所以常常停下来。"阿姨识字，且读过书。即使在新中国成立后，由于千百年来以男性为本位的宗法社会的封建思想根深蒂固，以及长期的战乱和动荡，中国受过教育的女性仍是少数，尤其中下阶层的妇人，多目不识丁。由此推断，钟家的阿姨起码出身不错，更可想而知当时钟家的良好境况。

8岁前,阿城就读于育英小学[1]。育英小学是所男校,曾经是"贵族学校",毛泽东亲自为校题词"好好学习"。育英小学时为中共中央直属机关,在那里念书的,也都是中直机关干部子弟。例如,当时和阿城同班的有胡耀邦的二子胡德华,同级的有朱德元帅的孙子朱援朝、孙女朱抗美,以及薄熙来等革命后辈。

如同每一个家境良好的孩子,幼年的阿城享受着祖国花朵般美好的童年时光。然而,突如其来的家庭变故致使一切发生了巨大的改变。1957年,因父亲钟惦棐所作《电影的锣鼓》一文,阿城一家突遭祸难。钟老先生遭受严厉处分:开除党籍,罢免职位,降四级,下放至唐山柏各庄农场监督劳动,那是中央直属的劳改农场,这一去便是多年。同时,由于父亲蒙难,家中原本中宣部的房子便被收了回去,母亲只好带着五个孩子从机关大楼的宿舍搬出,听从组织安排,将他们临时安置在了东厂胡同,那时候,整个胡同只有钟家孤零零一户。不久后,一家人又被撵到西单麻线胡同,在一个带着破烂小院的平房里,一住就是二十多年。阿城也由原本所在的育英小学转到了实验二小。

---

[1] 李兆忠:《昙花一现的"寻根文学"》,载《世界知识》,2009年第23期。

阿城幼时所经历的生活落差如同鲁迅先生在《呐喊》自序里所说的："有谁从小康人家而坠入困顿的么，我以为这途路中，大概可以看见世人的真面目。"[1] 不同的磨难，相似的冷暖，阿城和鲁迅都在家道中落的境况下，真正感受到世态炎凉、人世艰辛，生活底层的现实尖锐地刺痛着他们的眼和心。

但是，相对于鲁迅冷静而批判性地对待这世界，阿城似乎少了点怨愤，显现而出的是一种冷眼旁观式的、理性而客观的态度，似乎将一切置之度外地看待这世上的幸与不幸。此后漫长的一段时间里，校园，社会生活，乃至上山下乡，阿城始终因家庭带来的"黑五类"身份而被主流排挤，经历由中心到边缘的落差。他被迫成为旁观者。

诸多文学评论者曾说，阿城小说中蕴含着一种"边缘人"的社会视角，或许正是他不自觉的心理表现。同时，由于他过早接触到社会底层生活的窘困，感受到苦命人的悲凉，所以身上未曾留下那种矫情造作的印记。如他所言："一般的知识分子，受点儿痛苦，就叫起来：哎呀，要咱们受罪了！而农民是一辈子苦，他们的反应

---

[1] 鲁迅：《鲁迅作品精选》，长江文艺出版社，2012，第254页。

是：你怎么啦！来，坐下来喝一杯。"[1]阿城小说的创作风格之所以能在八十年代文学的风潮中另辟蹊径，正缘于此。

他曾书写过一篇小传，行文隐忍平和，犹如他的性格：宠辱不惊，客观而理性。面对殊荣加身，他表现出的是坦诚，也是内敛，他表示"我仍只是一个作者，还远不能成为'家'"。[2]巴金的《随想录》和杨绛的《干校六记》中也有类似的情感表露，即在冷静的、几乎无事的描述中，淡淡地隐含着令人窒息的、难以忘怀的伤痛。但杨绛与巴金的情感表露或许源于其年龄和岁月的沉淀，那些惊心动魄的往昔，在痛苦的煎熬中归于平淡，而阿城的喜怒哀乐则在自幼成长中被掩埋至情感深处，使他习惯以冷峻而成熟的目光审视生活。

家庭变故带来的影响几乎不可磨灭。正如他在行文中对父亲的代称"阴影"，那些挥之不去的记忆，那些震痛于心的感触，都如同成长中的"阴影"，对人生造成了不见形迹却深远的伤痛。纵然1957年后的很长一段时期内，父亲这一角色在阿城生命中几乎处于缺失状态，但

---

[1] 1985年12月，阿城在香港与徐克、施叔青、张郎郎、刘汉成、李怡等文艺界人士举行一场座谈，由香港《九十年代》杂志社举办，该内容引自该座谈会的记录文章《与阿城东拉西扯》。

[2] 马立诚：《木乃伊复活》，中国工人出版社，2002，第59页。

无法否认,于此之前,父亲在他的意识和潜意识中留下了极深刻的印记。

从呱呱坠地的无知,到懵懵懂懂的初知,阿城在父亲的耳濡目染中完成了对于世界、社会、人生的启蒙。父亲在日常生活中的言传身教,以润物无声的方式对其习惯、审美、思想产生深刻影响。虽然阿城在文论中极少谈及父亲,专门记述的也只有一篇回忆性文章《父亲》,但细致查找起来,却可在琐碎的文字中寻到诸多线索。例如,阿城后期的创作之所以能对佛教史和佛学的知识运用得游刃有余,正得益于父亲藏书的启蒙:"汤用彤先生的《汉魏两晋南北朝佛教史》,从小就在父亲的书柜里,1955年中华书局版。"[1]大可想象,幼小的阿城攀爬在父亲的书柜前,逐渐摸索、构画出对世界的认知。

关于阿城的父亲钟惦棐,值得费一些笔墨介绍。钟老先生是中国当代电影美学奠基人,1950年《人民日报》发表的新中国第一篇影评《评〈中华儿女〉》就出自他手,同时他还是文艺评论家,曾任中国社会科学院文学研究所学术委员、中国电影评论学会会长,著有《陆沉集》《电影策》等专著。钟惦棐祖籍重庆江津,据说再往上的祖辈出自福建一带,因此他的眉眼轮廓带着几分不同于北

---

[1] 阿城:《昙曜五窟》,中华书局,2019,第61页。

方人的深邃。

1938年，钟惦棐已投身革命，凭着地下党接头的信件，他只身从成都前往延安，加入延安抗日军政大学学习，林彪时任校长。而后，他被组织派遣，参与组建延安鲁迅艺术文学院，担任美术系教员进行学习和工作。到了1939年，鲁艺被合并入华北联合大学，也就是中国人民大学的前身，钟惦棐随之赴往晋察冀边区抗日前线，任文艺学院教师，并发表《对创作连环画的几点意见》等文章。1944年，他与刘佳在大清河合编三幕话剧《青纱帐里》、快板书《谁家天下》，后任晋察冀抗日根据地北进剧社指导员，并创作大量鼓词。解放战争时期，他调至中共中央华北局任职，参与解放区的文化建设。建国后，钟老先生主要致力于电影领域的工作，担任文化部艺术局办公室副主任、中宣部电影指导委员会成员、《文艺报》编委兼艺术部主任等职，撰写了大量关于新中国电影的批评文论。中国"西部电影"的概念和电影金鸡奖的设立也都由他首次提出。

通过对钟老先生的经历梳理可知，他一生的工作融合贯穿着美术、音乐、戏剧、电影、文学等诸多艺术门类，可说是为艺术的一生。正是他对艺术深发于心的热忱和思考，开启了晚辈们艺术人生的大门，使他们各自成就了自己的人生。

阿城兄妹五人，大哥钟里满大学毕业（"文革"后参加了高考）后进入中央电视台；次子即钟阿城；三子钟大陆专业是摄影；四子钟星座成立"北京星座壹仁设计制作所"广告公司；只有小女钟珊珊一人未从事艺术方向的工作。四个儿子的事业均与艺术相关，不能说是完全巧合，必然有父亲浓烈的艺术素养所营造的家庭艺术氛围感染的因素。"老钟原先在华北联大美术系教书，到剧社后他每天仍要抽出一些时间看书、写笔记，画素描、画人物像。"[1]如此热爱文学和绘画，其喜好自然使年幼的阿城受到熏染，引导并启发他对于文学和绘画的兴趣。以致小学二年级的阿城在课桌底下偷看德国卜劳恩的漫画《父与子》，被一脸杀气的女老师发现后没收。阿城对绘画的喜爱和天赋促使他希望考取美院附中（因父亲的问题学校不予录取），成长后进一步推动了他知青初期自主学习美术的选择，产生连贯的效应。

阿城的母亲张子芳在《回忆老钟》一文中写道："惦棐在子女面前，是慈父、是严师、也是诤友。长子里满是学物理的，假日归来，父子俩总是交谈些科学乃至哲学方面的话题，无所不谈，而且往往谈得很深。三子大

---

[1] 晋察冀文艺研究会编《文艺战士话当年》（五），文化艺术出版社，1995，第212页。

陆和四子星座都是搞摄影的,惦棐总是和他们评析影视作品在摄影、构图、造型、用光等方面的得失。至于二子阿城,更是得益于惦棐的师教。"[1]钟老先生凭着渊博的学识,想必在有意无意中指引、推动了子女各自的发展。艺术熏染可以变换为人们成长后的某种技艺,而思想观念上的影响,却通常化于无形,又无所不在,伴随一生。阿城与父亲,便是在思想观念上的通连,甚至一致。

仲呈祥在文章《我的问学之路》中曾这样评价恩师钟惦棐:

> 他的历史观,植根于马克思主义唯物史观,又从陆沉27年劳改生活中细心研读司马光的《资治通鉴》所展示的历史镜鉴中铸就,因而他品味作品,历史目光极为深邃,总比我们多看几步棋。比如看晋剧《打金枝》,我看见的是皇宫院里皇家驸马公主及言家间的斗气,而钟老看见的却是一部从中唐到晚唐的形象的衰落史。他的美学观,植根于中华传统美学精神,从"天人合一""道法自然""和而不同"到"入世"与"出世"的统一、

---

[1] 晋察冀文艺研究会编《文艺战士话当年》(五),文化艺术出版社,1995,第221页。

通民心、接地气,再到以虚代实、营造意象、追求意境,一部《金瓶梅》,在他看来是明末"市民美学的高峰"。[1]

究竟有几分相似和契合?不妨比对来看:

钟老先生根植的马克思主义唯物历史观,与阿城在《常识与通识》中以科学解读常识的理念相通;以史镜鉴的深邃目光,与阿城历史考据的习惯相通。《树王》中的"天人合一"精神,《孩子王》中老杆儿"和而不同"的意识,《棋王》中王一生"出世"与"入世"的统一,恰是两人对传统美学的共同追求。而阿城接地气的世俗性喜好,以及对意象、氛围等的诗意审美追求,无一不与父亲形成契合。在彭克柔记述的《钟惦棐谈话录》一书中,钟惦棐多次强调"艺术是作家对生活观察和认识的反映"[2],无论文学或电影,他都坚持基于生活的现实主义创作方法,认为一定要有真实的发现和感受才能创作出有持久生命力的作品。反观阿城的小说,也正是以细致的观察见长,从扎扎实实的生活中汲取题材,由充满生活露珠的真实感带来深刻而震撼的力量。钟惦棐所提

---

[1] 仲呈祥:《我的问学之路》,载《民族艺术》,2015年第2期。
[2] 彭克柔:《钟惦棐谈话录》,广宇出版公司,2010,第21页。

倡的"作家是充满激情,憋得受不了,如同蚕吐丝那样,一定要吐完为止"[1],正印合了阿城自言的写作状态:写作无关方法,而是"把你整个的心理现实和心理经验揉和起来,变成你自己的状态,心理的状态,这是一个大练,变成你非常自然的状态,你把它流出去,自然地溜出去"。[2]

显然,在潜移默化中,阿城的思想理念及思维方式都与其父钟惦棐产生了某些相似和关联。所以才有评论家说,可能是因为家庭出身的缘故,没有接受大学教育的阿城的文学功力和文化较硬,在同代作家中相对比较深厚,这使他的小说创作始终处在较高的层次上。[3]

不晓得汪曾祺先生与钟家父子的亲密程度,但他曾说:"我不认识阿城,没有见过。他的父亲我是见过的。那是他倒了霉的时候,似乎还在生着病。我无端地觉得阿城像他的父亲。"[4]所谓文如其人,便是透过文字,感受到某种品格或气韵神态吧,那或许是阿城也不自知的。无形中,钟老先生的诸多特性,得以在阿城身上承续,

---

1 彭克柔:《钟惦棐谈话录》,广宇出版公司,2010,第55页。
2 阿城:《谈谈我的创作》,载《香港文学》,1986年第4期。
3 张新颖:《世俗的学问——论阿城》,载《上海文化》,2009年第1期。
4 汪曾祺:《独坐小品》,宁夏人民出版社,1996,第103页。

虽不是严苛的教导传授，但耳濡目染的力量，使两人的艺术品格、精神思想上都产生着连结。此后的某一时间，汪曾祺与阿城算是认识了，只是不晓得，那时的汪先生是否变了想法？亦或是，验证了自己曾经的话。

"知识结构"是关键词

文字有腔调，如新闻腔、学术腔，年轻的作家普遍喜欢装腔。人则有气，气质的气，从经历眼界而来，到言谈举止而去。内在的修炼来之不易，最不易的，是阅尽千帆却保持的少年气。

婴儿降生在这世界，遍体彤红，故我们称之有"赤子之心"——敬畏宇宙万物，蓬勃着热忱意气的心。直至成长，在日复一日的驯化中，某些火苗渐渐灭落为尘灰，于是日子还是不变的日子，心却随时光老气了许多。唯有那么一些人，可以在现实的洪流中守住自己，保持对世界的热情，怀揣着少年气。少年，无关年纪。阿城如是。

抛开文学，我们还当真不好确认阿城的身份，除非，"杂家"同于作家，也可以用作介绍身份的标签。这一称呼虽显含糊，却最恰当不过。

从摄影、绘画、音乐、笔记小说到吃喝玩乐的各等技艺,阿城几乎无所不通无所不精。从意大利歌剧到京剧、京韵大鼓,从八大山人、石涛再到卡拉斯、小彩舞,几乎样样都有积累能说出名堂[1]。你无法单一地说清他的兴趣所在,似乎但凡历史的、文化的、艺术的、未知的,他都永远兴趣盎然。同时,"他的技术观非常'先进',拥抱现代文明,弄电脑、弄电影、弄车,很懂流行文化、媒体文化"。[2]甚至养花种菜、制作家具等手艺,他也会。

或许有人会疑惑,阿城弄车?很扯了不是?但对他有所了解的人,都曾听闻阿城二十世纪八十年代在美国期间,曾自学造车。或许是出于兴趣,他买了本关于汽车组装的册子,又凑齐了零件,就在自己住的房子门前零零散散摆放一地,不知研究了多久,确是把车装成了,而且能开上路。后来,经他的手,装了几部汽车,其中有一红色甲壳虫,有人出价十四万美元求购,但他没卖。

众人口中的阿城似乎无所不通,但他自认,关于经济,自己像个小学生。看来每个人都有自己的软肋。对于兴趣所在,阿城可以沉迷其中,甚至废寝忘食。就像多年以前的某个夜晚,张大春去找阿城闲谈,四个小时后,张大春才意识到自己实际上很少发言,大部分时间

---

[1] 朱伟:《有关品质》,作家出版社,2005,第68页。
[2] 查建英:《八十年代访谈录》,生活·读书·新知三联书店,2006,第111页。

都在听阿城谈文房四宝,且比他上书法课还受用得多。

汲取知识,是一种能力,最难得之处,是把知识吸收、内化,并与现实生活或其他门类产生关联,类似常人所说的举一反三,那需要天赋。能力有点像祖师爷赏饭吃,靠着努力勤奋学到方法,然后靠时间和精心地养护、保持。天赋则像是老天爷赏饭吃,没得选,求不来也丢不去。阿城有能力,因为他探求的领域足够宽广,底蕴足够深厚,同时,他也被眷顾地拥有着天赋,他的记忆似乎天然地比常人更稳固,不至于天才般过目不忘,却也足以令人羡艳。如此,运用能力,发挥天赋,阿城以通达而敏捷的思考面对生活,以旺盛而热切的求知欲滋养兴趣,而论及其思维体系,就必须谈到他的知识结构。

用浩瀚庞杂形容阿城的知识结构不为过。他是人们口中百科全书式的人物,是天下第一聊天高手,是中国传统文学中精英文化的传承者,也是艺术生活中世俗精神的传播者,这一切称誉都基于其丰富的知识结构。如同杨葵所说:"学识、修养、文字表达,你很难找到这么完备的一个人来谈这些东西。"[1]阿城总能站在一定的高度上观察世事,并打通其中的关联。这种视野,杂糅着中国古典文人的闲情野趣,正是基于其知识结构而形成的。

---

[1] 吴菲:《阿城这个人》,载《文摘报》,2016年5月26日第3版。

抛却小说创作不论,《威尼斯日记》是阿城旅居威尼斯三个月的随感和见闻记录,《闲话闲说》是他的部分讲谈集成的杂文,两本书所涉及的内容都较为随心随感,是其思想的自然流露。有兴趣者,可以对两本书中所谈及的书目归纳梳理,从而窥探得冰山一角。

谈及阿城的知识结构,"琉璃厂"是无法绕越的关键词。

阿城在与查建英的对谈[1]中详尽介绍过琉璃厂的细节。父亲被打成"右派"后,阿城一家被迫搬至宣武门一带,阿城上的小学、中学在宣武门里,琉璃厂位于宣武门外,一溜烟的工夫便可到。那段时期,家庭出身影响着人的尊严和权力,阿城没有资格参加红卫兵,也就没有资格到天安门广场接受毛主席的接见,没有资格进行串联活动。因祸得福,在那个锣鼓喧天的混乱时期,精力旺盛的他自得其乐地为自己开辟了一方精神净土——琉璃厂。

琉璃厂的画店、旧书铺、古玩店如同一所免费的博物馆,成为他成长期汲取知识的重要来源之一。"我在那里学了不少东西,乱七八糟的,看了不少书。我的启蒙

---

[1] 查建英:《八十年代访谈录》,生活·读书·新知三联书店,2006,第21—22页。

是那里……这样就开始有了不一样的知识结构了,和你同班同学不一样,和你的同代人不一样,最后是和正统的知识结构不一样了。知识结构会决定你。"[1]如果觉得这说法夸张,不妨再品味下阿城的文字,兼具半文言白话的韵味与传统文字的深邃魅力,久违的书写笔法更给人耳目一新的感觉。正因如此,《棋王》一出便引得文坛口耳相传,开辟了一条新路。然而在阿城的认知中,他自觉"写下来是正常的,可是一发出去真正面对社会的时候,面临的是与读者的知识结构差异"。[2]正是不同于大众的知识结构,造就了他文字书写的另类笔法。

知识结构对阿城最为深刻而长远的影响是他的思维方式。当时的教育体制、统一的教材、图书馆的借阅规定,使身处主流的学生们只能接触到单一的知识和文化。同时期的阿城因家庭成分问题只能处于社会边缘,幸而得以在旧书摊汲取更为丰富而多元的文化养分,接触课本范畴外的广阔天地,形成不同于众的知识体系。

在当时的时代境况下,从西方文学到明清小说,许多经典之作因政治因素而被淘汰,大众的知识范畴出现了断层和缺失。而阿城在琉璃厂填补了这些内容。所以

---

[1] 阿城:《脱腔》,江苏凤凰文艺出版社,2016,第168页。
[2] 阿城:《脱腔》,江苏凤凰文艺出版社,2016,第169页。

孙郁感叹："在四十年代末五十年代初的那一代作家里，他是分量最重的。之前我们看的都是红色文学、革命文学，把士大夫的东西和旧小说的东西都切断了，而他接上了。"[1]那些不同于主流层面的话语开拓了阿城的认知，对于绝对权势的颠覆，对于时代的冷静思考，对于主流价值的自主判断，使其思想产生了别样的样貌。例如，阿城在旧书店看过钱锺书父亲（钱基博）所著的一版《现代中国文学史》[2]，促使他思考"史与其说是后人写的，不如说是后来的有权力者写的，后来的文学史，像新文学大系，谁写的？是后来掌了权的左翼文人嘛"。[3]这些知识帮助阿城在荒谬的年代中形成自我思考的习惯，奠定了他思想意识的独立性，并间接影响到情感模式的转变。

在世人眼中，阿城与传统似乎冥冥不可分割。犹如"寻根"遮蔽了其他风景，传统也使人们对阿城的西方知识素养有所"偏见"。无论是众人的描述，还是阿城自身"古里古气"的句章，都很难将他关联至"西化"的范畴。但据一同插队的王学信回忆[4]，阿城下乡时，不远千里负

---

1 张玉瑶：《孙郁聊阿城》，载《北京晚报》，2016年6月3日。
2 《现代中国文学史》成书于1922年，作者钱基博，1932年以《现代中国文学史长编》之名由上海世界书局正式出版。
3 阿城：《脱腔》，江苏凤凰文艺出版社，2016，第178页。
4 王学信：《阿城印象》，载《北京纪事》，2010年第12期。

带的行李中，有大仲马的《基度山伯爵》、维克多·雨果的《悲惨世界》、巴尔扎克的《高老头》、列夫·托尔斯泰的《复活》。姜樑在后来的文章中也有补充[1]，阿城带了一整套《译文》，一整套《世界文学》，还有《贝姨》《九三年》《战争与和平》《安娜·卡列尼娜》等世界名著。1979年，"文革"结束回城后，阿城协助平反后的父亲撰写《电影美学》，得以和父亲研讨切磋，从马克思的《资本论》到黑格尔的《美学》，从儒道禅宗，到古今中外，打通着更广阔的格局。

纵然阿城的知识结构中不乏西方文学的底蕴，但依旧可明确地感觉到他对中国传统文化的偏爱，即使声名鹊起之时，仍可在他桌上寻见《先秦文学史参考资料》《孟子译注》《管锥编》《历代散文选注》等书[2]。马立诚也在回忆中记述，偶然碰见阿城看《五灯会元》，这"是宋代刻版出书的禅宗大成"。[3]彼时"三王"及《卧铺》《傻子》《树桩》等小说均已发表，且阿城屡获国内小说奖，轰动海内外。可见，承续民族母体文化，是他有意且自觉的选择。

---

[1] 姜樑：《有一个美丽的地方》，上海人民出版社，2013，第57页。
[2] 修晓林：《文学的生命：我和我的作家朋友》，上海文化出版社，2016，第310页。
[3] 马立诚：《木乃伊复活》，中国工人出版社，2002，第60页。

文化，在阿城的知识结构中有如一条线索，将所学与所用穿引接联，化为疑与解疑的关系，指向自为的世俗生活和文化思考。儿时在旧书摊，他周游于混杂的历史传统，汲取大量五四之前旧式中国文学的养分，生成的文化系统更不同于普众的单一构成。"阿城知识结构的'旧'与'俗'，有点类似周作人知识结构的'杂'和鲁迅知识结构的'野'……阿城因其'旧'与'俗'，正好与时代所宣扬的'新'与'正'拉开了距离，使得他的视角不同于时代和国家赋予年轻人的国家视角"。[1]以至于韩少功等人对文化倍感新鲜的提出"寻根"时，阿城却因其文化构成，发出"我知道这个根已经断了，在我看来，中国文化已经消失了半个世纪了，原因是产生中国文化的土壤已经被铲除"[2]的痛心感叹。这也是寻根文学之"根"与阿城所说文化根脉的根本不同。

一眼望不到头的建设兵团

上山下乡，回看历史时，它是个名词，若返回至历

---

[1] 文贵良：《阿城的"短"：八十年代的话语建设之一》，上海市社会科学界第五届学术会文集青年学者文集，2007，第153页。
[2] 阿城：《脱腔》，江苏凤凰文艺出版社，2016，第84页。

史现场，它便变成了波折浩荡的动词，仿佛人口大迁移般，几乎所有当时的适龄青年，都因它改变了原有的生活轨迹。对一些人而言，那是磨难，对另一些人，则化作了经验。

如果你读过阿城的小说，会知道，他的故事几乎无不是关于知青的。那段记忆，对他而言，也绝不是美好的选择，却随着时光，被他炼就为创作的生命之源，人生的思考之路、文化的反思之始。

六十年代末，阿城正值盛气蓬勃的青春期，按年龄算，离家插队自是理所应当。裹挟于时代的洪流，去留没得选，但是去哪儿，还可以自己做主。于是1968年底，阿城和当时的好友黄其煦、龚继遂等出身不好的五、六个人，一头栽去了山西雁北地区。那时的他们并非"正规军"，不是真正接受分配下的乡，而是自为地寻着落脚处，且是偷渡。仿照着《铁道游击队》中趴火车的方式，一伙人乘了车，先到大同，下了车，不曾想一嗅到当地的空气，猛地就缩回了车厢——空气刺得肺疼。雁北的环境有多艰苦，他们是没能想象的，更傻眼的是，即便如此难捱的地方，一伙人也因出身不好遭到嫌弃。按当时的规矩，插队知青的成分，会连带影响当地贫下中农的整体水准，为了保障集体的"优质"成分，当地拒绝了他们的插队申请。他们停留了数月，便不得不"转战"他方。

1969年初,深冬的雪还未融尽,一行人商议后决定前往内蒙古呼伦贝尔盟阿荣旗。同去的又加了章立凡,章乃器之子。之所以选择内蒙古,一方面是因为那里能得的工分多,另一方面是利于阿城写生。同样是趴火车,为了省着些车票钱,他们还学会了讨好列车员以行便利。没想到的是,草原辽阔,虽然他们分配到了开垦草原的指标,但本就不充裕的粮食产量,并没有因为他们的到来而增加更多,反倒是多了几张嘴,人们裤腰只能勒得更紧些。

1969年冬天,阿城与几人决定投奔云南农场。一番流转后在云南生产建设兵团的景洪总场第十分场扎了根。就像他借《棋王》道出的心理:"此去的地方按月有二十几元工资,我便很向往,争了要去。"[1] 相比其他几个地区,云南的工分相对较高,这更坚定了他们落户云南的决心。只是,南北迢迢数千里,因为路程遥远,车费昂贵,往后十一年,阿城只回过两次北京。对多数人而言,知青是一段艰辛并残酷的岁月,但是阿城自认,他本已沦落至生活底层,插队,从某种层面上更带来生活的改善,虽艰苦,肚子却是饱了些。

话虽如此,云南的日子实际并不好过,与北方迥然

---

[1] 阿城:《棋王·树王·孩子王》,江苏凤凰文艺出版社,2016,第2页。

不同的潮湿气候,因出身带来的顽固偏见,以及常年贫乏的物质生活,仍是挥散不去的"磨难"。多年后,阿城笑着调侃自己,从云南回城的他,活像个"鬼"。本该意气风发的青春岁月,就那样被磨灭了光泽。

值得庆幸的是,失之东隅,收之桑榆,兜兜转转十一年,他从生命现场得来的第一手经验,为创作积蓄了丰富的题材。许多作家的笔下都有那么一方土地,记录着往昔,也孕育出一段段故事,像一幅背景,提供力量。阿城笔下的那片土地是雁北,是内蒙古,更是云南。于是苍茫大地上的人间百态,成就了他笔下众多洋溢着民间生气的人物形象:晋北大地上气吞太行般《天骂》的女人,呼伦贝尔草原中《洗澡》的俊朗骑手,云南林场中《迷路》的傻子等。

按阿城所说,所有故事,都有他亲身所见所闻的成分。也就是说,那些形色各异的经历,为他提供了鲜活的小说原型,但究竟取材于哪儿,我也只能在众人的记叙中寻找印记。例如,短篇《迷路》就是一段真实经历:不知什么时间,阿城和同学在云南丛林里迷了路,到一个寨子里,恰好赶上一户人家妇女生孩子,两人比照着《农村医生手册》,竟给人接了生[1]。众所周知,《棋王》是

---

[1] 吴义勤主编《名家讲文学创作》,河北教育出版社,2015,第83页。

阿城最重要的作品,而西双版纳的景洪农场,则是他知青岁月最重要的所在地。当年,景洪农场里便藏着一位象棋高手,名叫何连生,如今在网络查寻此人,已有明确介绍,他便是棋王的原型。

在阿城的另一代表作《孩子王》里,主角"我"叫老杆儿,是教书的。鲜为人知的是,阿城也在农场教过书。与阿城相熟的人都了解,他没胖过,在农场时,那瘦弱的身子更是没法承担什么重活。那时,他为了求个"生计",还考了厨师证,红案。厨师讲究红白之分,红案是热火上灶的煎炒烹炸,白案则是米面糕点的制作,阿城好肉,自是选了红的。他本想凭着厨艺去昆明城里找个工作,免了农场的苦,但是,身为成分不好的"坏分子",即使在偏远之地也没有做厨师的资格,毕竟若有"上头的"吃坏了什么,他便是一号嫌疑人。幸而阿城文化底子深厚,于是被安排到了第十分场的农场子弟学校,代课教书。桌椅都凑不齐的学习环境下,老师教的科目更没得划分,语文、数学、英语、美术、体育,一个老师便管了所有。就是那段教学经历,启发阿城写下《孩子王》的动人故事。姜樑在回忆中提到,阿城做知青时有一好友被尊称为"字典"[1],这倒是会让人没来由地认

---

[1] 姜樑:《有一个美丽的地方》,上海人民出版社,2013,第57页。

为，是否和小说里的"字典"有着关联。

一言以蔽之，无论是《遍地风流》数十篇短小精悍的故事，还是发人深省的《棋王》《树王》《孩子王》，阿城的小说始终以现实为本，生命经验所蕴具的真实感，令作品散发出身临其境的魅力。

知青岁月让阿城有机会基于现实，对生活的细节观察、感受、思考，也让他有足够的空隙去认识生命，充实故事的生命力。脱离城市教育，回归质朴的劳作，阿城并未因此放弃、停止知识的汲取，反而在宽松的环境下，获得了更自由的空间，他"自学英语和日语，读各种能够读到的文学和哲学书籍，还为属于'文革地下文学'的作品设计封面"。[1]那些在城市中被命为"毒草"的文字，却在遥远的边陲小镇中得以存活，中外经典丰富了阿城及众知青们的闲暇时光，让苦涩和枯燥的生活多了些奔头。除了不多的书籍外，乡下知青们的文化生活简直如荒漠，故此，大家常常传阅各自的创作为乐，就连日记也成了抢手货，被津津乐道，阿城便是乐在其中。这也致使他的文字自创作之初，就不以发表为目的。

劳作，或者创作，在多得只剩下时间的日子里，阿

---

[1] 修晓林:《文学的生命:我和我的作家朋友》，上海文化出版社，2016，第309页。

城常漫无边际甚至荒诞地思考。当单调的生活被灌注信念，看似千篇一律的存在，便寄寓了千变万化的意蕴，让日子慢慢丰满起来。阿城所接触的"民间"，让他了解到生命驳杂的层面，生出更多包容。"他的'三王'作品写知青下乡，没有公子落难式的酸气，也不刻意夸张青春无悔式的天真。他冷眼旁观，却又事事用心。"[1]对生命的反思，使其文字泄露出浓郁的历史感，阿城三十年后感叹，"但就我个人的经历，起码东北、内蒙古和云南，知青参与了破坏生态。当然，当年的知青的知识里，没有生态这一项，只有战天斗地，而且表现得近乎疯狂。只是由于这种疯狂，让我起了一些焦虑，觉得事情哪里有些不对头"，[2]继而成就了《树王》这般不同于伤痕笔法的新类文学。阿城以自己别具的价值观为衡量标准，对人生百态进行扫描，展示出真实的众生相和乱世中的生存智慧。

在接触到苍茫大地上众生百态的真实面貌后，阿城的所见所闻与所思所想形成应对关联。出于自幼练就的敏感，阿城深切感受到长期在书本中接受的文化在现实

---

[1] 王德威：《世俗的技艺——闲话阿城与小说》，载《当代作家评论》，2002年第4期。
[2] 阿城：《常识与通识》，江苏凤凰文艺出版社，2016，第152页。

中缺席和时代环境下文化的断裂和流失。对文化的反思，造就了《棋王》《孩子王》《树桩》以及之后一系列的散文、杂文。在后期的创作生涯中，文化的断裂也成为他挥之不去并耿耿于怀的结。在云南生活的日子里，阿城了解到村民保留着深山中刀耕火种、结绳记事的传统，如此独立于现代生活的地方，却也逃不过外力的干涉，诸多民族文化命运被改写，只能保留下矮矮的一截《树桩》。那种情感应该是疼惜、是视若珍宝地想要抓紧在手心，于是他努力找寻，追根溯源。当他十年后重返北京，奔到故宫沉重的宫墙外，温柔抚触那些苍老的青砖时，想必怀着同样的心情，所以才会感叹，蒋介石卷了那么些宝贝，可有些东西终究是带不走的。

十一年光景，云南的风土人情、文化民俗深深浸透在他的思维构成中。从亿万年形成的热带雨林联想到"皮之不存，毛将焉附"的文化困境，从思考"文革"中所谓的"取其精华，去其糟粕"的一厢情愿，引申到面对文化失衡的痛悼。知青时期的经验和记忆使他反思文化，最终推动文化意识的觉醒和强化。另一方面，这段深刻于生命的体验也使他认识到民族文化的特殊性和珍贵性，以至于多年以后仍发出呼喊的声音："对于西南少数民族的文化保护，我认为应该从文明的发生这样的重要性来重新认识。从艺术上来说，它们不应该被视为民间艺术，而是高度文明的遗存,是活化石,是东亚新时期文明的活化石,是中国文明之源的活化石。"[1]

到美国去

1985年,阿城第一次去往美国,参加哈佛大学费正清东亚研究中心主办的一项关于东亚文化的研讨会。是契机,也是冥冥中某些注定的转折,行程中,作家聂华苓得知了阿城的消息。当时,聂华苓担任着"爱荷华大学国际写作计划"的工作,于是她以个人名义邀请阿城参与进了"写作计划"。借此,阿城在美国又留了许多时日。

"美国爱荷华大学国际写作计划"是中国作家协会开展的项目,自1979年中美建交,两国外交政策转向友好,爱荷华大学开始邀请中国内地和港澳台地区的知名作家前往交流。余光中、梁牧、白先勇、萧乾、艾青、陈白尘、茹志鹃、王安忆、吴祖光、张贤亮、冯骥才、白桦、盛容、汪曾祺、北岛、刘索拉等一众文学精英先后参与其中,为尚处隔绝状态的海峡两岸打开交流的通道,更为中国作家打开了世界之窗。正常情况下,写作计划每届为期

---

[1] 阿城:《洛书河图》,中华书局,2014,第167页。

三个月,有两名作家参加,由于阿城是中途加入,且"不明来历",因此与原本参加的两人打了照面,但往来并不密切。这两人其中之一,便是汪曾祺先生。

三个月的短暂交流后,阿城在美国又待了许久,直至国内突然传来父亲病重的消息,他匆匆回了国,却仍是迟了。

此前有谈到,父亲钟惦棐对阿城的影响绵长深远,不知父亲的离去,是否有影响或更坚定了他的某些想法。追悼会过后不久,到了1986年,因小说被美国一家图书馆收藏,阿城再次受邀,参加旧金山的国际书展,而后正式决定移居美国。

阿城移居美国,最主要的原因是生活方式。在一个人地生疏的国度,人脉关系更多只是聚会时可选择的聊天对象,这让他感到自由舒适。毕竟在过去的人生中,但凡他能有攀"关系"的门路和心思,也不至于在滇南之境苦苦挨过了整个青春。至于为什么留在了洛杉矶,而不是其他城市,仍是他的性子使然。

在"写作计划"的最后一个月,作家们可以选择到美国的任何城市考察,借此机会,阿城游逛了不少地方,纽约、芝加哥、洛杉矶等。当时也有友人相劝,让他留在纽约,但那里生活的紧张度,人群步履如风的状态,放眼望去的高楼,都让他感到不适。相比东海岸人与人之间的明争暗斗，他更喜欢西海岸"无所谓"式的自在阳光。

在某些"境界"高雅者眼中，阿城被称为"生活家"，神仙般的人物，人们说，他像个充满意趣的孩子，不断尝试着原本生活之外的新鲜事物，喜好之广泛、能力之卓越，引得众人瞠目结舌。但阿城认为自己求的，仍是王一生的那句，要吃饱了饭，实实在在。彼时的他，已肩负养家糊口的重担。作为厨子，他能利落地为好友做上一桌地道的中国菜；作为木匠，他能修护极难修理的明式家具，并因此赚得两千美元为旅费横越美国；作为汽车技师，阿城自学并亲手组装过六七辆古董金龟车卖钱，最后一辆红色敞篷，最高有人开价十四万美元他都没舍得卖出；作为老师，阿城还曾教授人钢琴，当然是从艺术修养、格调品质方面进行指导。这期间他还刷过墙，送过外卖，倒卖过仿古家具，在他的逻辑中无所谓体力劳动或脑力劳动，安身立命才是第一要义。

或许有人疑惑，正值声名大噪时，他携家带口出了国，怎么就舍弃了文学之路呢？我想，也许文学本就不是他选的路，甚至可以说，只是文学选择了他，而他在意的不过是"文化"。

在美国的生活经历，看似是文学之外，实则却在文化之内。文化，往大了说是悠悠千古沉淀的精神思想，往小了说，也映照于人与人、人与事的关系之间。生活在美国，阿城最大程度地多层面、多样化接触体悟到美国社会的现实，那里的衣食住行、待人接物，就像一个参照体，比对着他所熟知的中国文化境况，随之引申出无限思考。这为他后来的杂文创作提供了更多元的角度和空间。例如，常人一定无法想象，阿城只会简单的英语交流又如何能旅居美国十三年。他的确不通晓英语，但是如他所言，想当初钻进云南那偏隅之地，当地人的方言几乎与英语无异，都是听不懂的。所以在他看来，美国不过是个说英语的"少数民族地区"。云南的语言环境反而使他"不自觉地把自己的汉人中心的文化观打掉了"[1]，站在一定的距离外反观汉语，更体验到语言节奏的妙处。

美国生活让阿城找到了新的视角，反观中国社会和文学，同时"更多的是验证你的常识，验证你知道的基本线。这个基本线是很具体、很细节、很踏实的"。[2] 利用美国开放而便利的图书馆服务体系，阿城寻看到很多曾经在旧书店看过的藏书，补齐并印证了他已有的知识体系，更从中清晰地察看到中国近年来所缺失的部分。鉴于此，阿城将自身所知与美国社会的文化构成贯通，

---

1 阿城：《与张大春对谈》，载《联合文学》，1994年第4期。
2 阿城：《脱腔》，江苏凤凰文艺出版社，2016，第209页。

提出了《常识与通识》中诸多观点：他从潘恩《常识》一书的自由、平等、博爱、人权、独立概念，引申至"文革"时期"指鹿为马"的时代教训；从NBA篮球的攻击热情引申至中国武术以防身为目的的武德；从美国绘画专业学习思想引申至读《诗经》而知"后妃之德"；从僵尸题材的电影引申至袁枚《子不语》"回煞抢魂"的故事，诸如此类不一一列举。

另一方面，美国的阅读环境也为他汲取文化养分提供了便利。如他自言，"一九八六年到美国之后，我才有机会看到香港出版的《七十年代》月刊（后来改名为《九十年代》，并在九十年代停刊）。"[1]在美国，他依旧保持着逛旧书店的习惯，经过淘金般的筛选，也总能翻找到一些令人如获至宝的漏网之鱼，如李辰冬所著的《诗经研究方法论》以及陈存仁的《银元时代生活史》等。如汪曾祺所说，"阿城在美做独行侠，啃面包逛图书馆、博物馆，并非一般的走马看花或如教科书上写的去'照本宣科'一番，而是很下功夫在学习，从独特的角度观赏。"[2]总之，美国生活为阿城提供了音乐、美术、宗教、

---

[1] 阿城：《脱腔》，江苏凤凰文艺出版社，2016，第75页。
[2] 段春娟、张秋红编《你好，汪曾祺》，山东画报出版社，2007，第114页。

历史、科学等不同学科范畴的思维材料，并拓展了他贯通中西的思考空间。

以中华文化谱系为本，以欧美文化万象为参照，阿城的视野始终未曾脱离传统文化的脉络。何立伟在文章《关于阿城》中记述，阿城在美国"继续地热爱着郑板桥、八大山人、弘一法师、沈从文、意大利歌剧、阿根廷足球，用电脑写他的《中国民间艺术史》，写暂不示人的他的小说"。[1]以及何立伟偶然见到的一篇玩笑般引经据典、推论意大利披萨源于中国元朝的文字《意大利披萨》。如他所见，阿城的兴趣所在更多还是关于中国的、传统的、民族的内容。那些充斥着烟火味道的世俗经验，"礼不下庶人"的圣贤之言，他所强调的、主张的、赞誉的、感叹的无一不是传统文化体系中浮世绘般的生活样貌。

阿城在《文化制约着人类》一文有讨论，中国文学"与世界文学对不起话"正是因其"尚没有建立在一个广泛深厚的文化开掘之中"。二十世纪接连的社会动荡，使老祖宗传接的文化被筛去了大半，中国文化形成明显断层。在美国，这一观念随阿城的体悟进一步深化，使他愈发感受到主体文化的厚重。在此后的社会生活和个体生命体

---

[1] 何立伟：《关于阿城》，载《白色鸟》，新星出版社，2017，第470—471页。

验中，美国生活的见闻作为一个文化参照体，使他反身回望千百年来的中国文化根脉，不再将自己局限于文学创作之中，更为试图赋予文化以内涵的多义性和范畴的延展性，寻回中华文化于世界之林的立本之根——并非守旧、概念化、脱离现实的，而是能应和时代、在繁杂的世界文化中散发别样光辉的文化特性。

此后，阿城在张光直先生的教导下得到启发，也奠定了他后期的研究方向。"我在八十年代初的时候看过他的《中国青铜时代》。于是，听他谈之后，我一下子知道我还可以做什么了，我的知识构成和文化结构中，有一大块，可以迅速成形了。"[1]阿城后期关注的问题包含传统巫文化的影响，青铜时代造型的起源和发展，宗教在中国的传播和演变等一系列中国文脉根源的探究问题，这也正是阿城后来《洛书河图》和《昙曜五窟》两部著作的萌发之源。

1998年，阿城因工作需要，频繁往来于美国和亚洲各地，在内地、港台、日韩等地穿梭。他是个怕麻烦的人，到了2000年，索性就搬回了北京。

1　阿城：《脱腔》，江苏凤凰文艺出版社，2016，第212页。

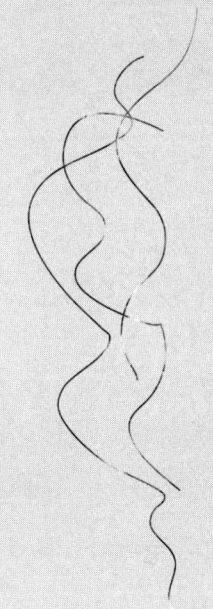

从蔚然成风的"寻根文学"到径自的文化寻根之路

缘起寻根

在中国文学史脉络中，阿城被定调于"寻根"谱系。

洪子诚在《中国当代文学史》一书中将《文化制约着人类》作为倡议、宣扬文学寻根的重要标识，赋予《棋王》《遍地风流》以"寻根"经典之名；张学军的《中国当代小说流派史》一书肯定"在寻根文学中，被认为最能显示传统文化精神的是阿城的小说"。[1] 孟繁华与程光炜在《中国当代文学发展史》一书中，认为阿城和莫言是寻根作家中"最本色"的存在，认为他们"都是在文学创作中丰富了寻根小说艺术内涵的作家"。[2] 可以说，在阿城的文学生命中，"寻根"如同与他羁绊的宿命，他始终与之纠葛缠绕。

回望中国当代文学史中的阿城，必然要从"寻根"

---

[1] 张学军：《中国当代小说流派史》，山东大学出版社，2007，第275页。
[2] 孟繁华，程光炜：《中国当代文学发展史》，北京大学出版社，2011，第305页。

的发生讲起。

1984年12月,《上海文学》编辑部、杭州市文联《西湖》期刊编辑部以及浙江文艺出版社联合召开"青年作家与评论家对话会议",在杭州西湖畔举行。会议以"新时期文学:回顾与预测"为主题,在往后的众多评论中,人们不约而同将此认定为"寻根文学"的发端。虽然会议中并未提出"寻根"的明确命题,但会中聚焦的文化主题,正呼应了随后"寻根"的主张。

时任《上海文学》负责人的周介人在关于会议的记录中写道:"这次于一九八四年末举办的会议对即将到来的一九八五年的小说创作与文学评论发生了潜在的影响。"[1]随后,一系列讨论相继发表,韩少功《文学的根》、郑万隆《我的根》、李杭育《理一理我们的根》、阿城《文化制约着人类》、郑义《跨越文化的断裂带》等文章以迅猛之势集结,正式吹响了"寻根文学"的号角。

"寻根文学"兴起之初,阿城心中充斥着热忱和激动。

在王安忆的记忆里,阿城某次到上海去,住在作家协会西楼的顶层,似乎是专程来上海为召集她们,上海的作家。可以想象,那时的阿城定是意气飞扬,就像历

---

[1] 周介人:《文学探讨的当代意识背景》,载《新尺度》,浙江文艺出版社,1989,第190页。

史上倡导新文化的先驱们,散发着觉醒般的激动。他郑重地向上海作家宣告,眼下正在酝酿一场全国性的"文学革命",那就是"寻根"。[1]

这一时期,作家们倡导的"寻根",还蕴含着对文学本体回归的冀望:韩少功在绚丽的楚文化中寻找文化中断干涸的缘由,试图以欧美文学为参照系,吸收并消化异质文化,认清并充实自己;李杭育则提出,规范的、传统的"根"已在历史中枯亡,试图将西方现代文明的茁壮新芽,嫁接在我们的古老、健康、深植于沃土的活根上,希望它开出奇异的花,结出肥硕的果[2];郑万隆则认为,小说应扎根于自己脚下的"文化岩层"才更深刻。众人所言,均与阿城的文化主张契合——"没有一个强大的、独特的文化限制,大约是不好达到文学先进水平这种自由的,同样也是与世界文化对不起话"。[3]他所渴求的,是一个广泛而深厚的文化土壤,是能够与世界文学平等对话的民族文化意识。如同外国文学作品中展现的浓厚民族特征和民族审美方式,阿城在"寻根"中所追求的,是现代精神与民族传统相融合的文化力量。立足民族土壤,接续传统文化根基,弘扬优秀成分,摒弃

---

[1] 王安忆:《"寻根"二十年忆》,载《上海文学》,2006年第8期。
[2] 李杭育:《理一理我们的"根"》,载《作家》,1985年第9期。
[3] 阿城:《文化制约着人类》,载《文艺报》,1985年7月6日。

与时代不相适应的部分，创造出具有中华民族思想风范的文学。于此，阿城被正式纳入寻根文学的框架。

所谓失之毫厘差之千里，没人曾想到，当初众人齐同追寻明灯，却在后来偏了航。"寻根"被演变，失了本意模样。"寻根文学"本没有清晰的定义，那么它的本意究竟该如何理解？我们不妨结合当时的时代背景，更明确地说明。

"文革"结束后，随着中国经济文化建设发展的需要，西方的经验、技术连带现代化思想一同涌入中国。在经历漫长的封闭状态后，突如其来被打开的视野，使急求发展的中国仿佛找到救命稻草，人们如饥似渴地汲取着西方现代性的养分。文化艺术方面，知识分子经过长久的文化寒冬，终于迎来了冰消雪化的复苏，冻土中埋藏的思想种子，终于在自由的阳光下再度萌发。朦胧诗对传统诗歌的"叛逆"变革掀起了个性解放的创作高潮，星星画展以粗粝而强劲的生命力出场，打破了美术界沉闷的海平面。此外还有摄影界的"四月影会"，北京电影学院的"第五代"青年导演群等，各个领域的艺术先驱们试图共同演绎一场属于中国现代的"文艺复兴"。

在此值得注意的是，被称为是开辟中国当代艺术之路的"星星画展"，阿城是主要策展人之一。阿城之所以能够成为"星星"的主力军，一方面是因他长久的美术爱好，另一方面则是其强烈的现代意识使然。关于阿城对中国文化现代化的探索，星星画展是其初期觉醒的表现，而至后来对"寻根"的倡导，则是经由时间的沉淀而积累酝酿出的、试图为中国文学现代化出路指明方向的努力。

在那个新旧杂陈的时代语境下，以"现代"为主流的话语旋律席卷着现实生产、生活、思想等社会中的方方面面。"文化"因其思想上的先导性和最为普适的影响性，顺应自然地成为社会主题的关键词。人们纷纷加入到文化发展的阵营中，中华大地上一度显现出百花齐放般丰富而多元的文化现象。

多元则必有分歧，尤其以现代和传统这两大看似截然相反的发展方向而言。

1972年，台湾地区因现代与传统之争，酿造了现代诗论战。台湾地区的乡土文学对现代派文学发起抵制，指责"现代诗"丧失民族性，而以表现殖民地性格为重，这引起余光中等人的恼怒，最终以乡土文学更深入人心为结果告终。与此类似，二十世纪八十年代的中国大陆，以"唯现代论"的群体而言，他们主张：现代化首先是人的现代化，将中国之所以未能建立市场经济，未能实现人的个性自由，归结为中国文化传统的根本缺陷所产生的延续性影响，继而提出反传统、唯现代论的理念。

这当然是有失偏颇而非理性的。值得庆幸的是，当唯现代论者全盘否定传统的同时，文学界出现了另一批青年创作者，他们代表着截然不同的思路——开启中国传统文化与文学现代性之间对话的桥梁，既非对西方全盘认同，亦非对瑕瑜互见的传统全然承续。随着对西方文化认识的深化，在西方现代主义技巧和现代意识的裹挟下，启蒙知识分子面对西方文学的成功所带来的震撼，自然也展现出破茧成蝶的渴望，他们急切地迈开追赶时代的步伐。然而，不同于"唯现代论"过于偏激的论断，这些人文知识分子以冷静客观的态度审视着"现代化"这一目标，对中国与西方政治环境、文化基础等完全不同的条件提出质疑。中国以异于西方的文化土壤作为西方现代文化的接受场，是否应进行因地制宜的转化，以求发展具备民族特性的现代化？这一问题在众多知识分子间产生了共识。他们认为，中国现代主义文学绝非是对西方现代主义的模仿，而应结合自身特质进行创造，在本民族的文化土壤中培育出符合自身的书写方式。于是，他们摘取那些传统的、民族的、根植于民间大地的元素为文化标志，以寻求一种通达于中华历史传统与世界开放舞台间的力量，建立具有自身民族文化特征和民族审美方式的文学现代性。"寻根文学"顺应而生。

1985年前后，大规模"文化热"浪潮席卷而来，"寻根文学"作为文学领域的突起之异军,以传统文化为发力点,试图为中国文学的现代性开拓出更为坚实强韧的发展基础。利用传统文化之所长,建立具有中国特色的民族化文学现代性,不仅是客观需求,更是中国文学界的主观要求。由此观之,就根本目的层面而言,"寻根"的实质绝非"向传统的复归,而是为西方现代文化寻找一个较为有利的接受场"。[1]

放眼世界,当时开放的文学环境,充斥着诸多令人瞩目的充满民族性的现代文学创作,如充满民族风情的艾特玛托夫、弥漫印第安文明气息的马尔克斯、极具东方韵味的川端康成等,他们的成功为中国文学现代性的发展提供了经验和理论上的方向指导作用。"在横向借鉴与接受方面,寻根文学无疑受到拉丁美洲文学旋风及其魔幻现实主义、本土主义的巨大影响与启发。"[2]而其中民族文化特征与现代意识完美融合的创作方式,更在某种程度上刺激了中国部分作家"寻根"意识的产生。

至此,我们可以说,文学现代化是中国传统文化在历史语境中得以复归的契机,传统文化是中国现代性文

---

[1] 陈思和:《中国当代文学史教程》,复旦大学出版社,1999,第277页。
[2] 王铁仙主编《新时期文学二十年》,上海教育出版社,2001,第82页。

学建筑的有力基石,文学现代性和传统文化之间理应保持彼此促进的健康状态。然而这个丰满而动人的理想,最终亦幻化在历史的流转间,成为文学史中一枚深刻的符号——"寻根文学"。虽然"寻根文学"作为一次"西为中用"的尝试无疑是失败的,但是其根植民族土壤的初衷至今仍值得肯定。

何为"根"

自"寻根文学"的概念出现,阿城小说研究的话语似乎便被框定于"寻根"框架,与之相互缠绕、牵动。无论认同阿城小说为追寻传统文化的经典表达,还是否定阿城小说与寻根文学表达的外在契合,其研究过程无不是在阿城小说与寻根文学的比对间伸展、勾沉。同时,学界对"寻根"的本质众说纷纭,更使阿城小说的寻根研究争鸣不断,至今莫衷一是。

我们当然无法认同"寻根文学的意义不在于启发我们民族的光辉历史和悠久的文化背景,而是对民族劣根性的一次再挖掘、再反思"。[1]甚至将"寻根"看作是

---

[1] 迟宇宙:《对抗性游戏:70以后东西方文化批判》,中国国际广播出版社,1999,第324页。

五四文化的延续,这更像危险的曲解;从内因出发,认为寻根是作家返回文化母体的冲动,"出于一种恋旧怀古之情,出于对中国传统文化早慧、早熟的自豪,出于找到家园、重获文化遗产的欣喜,可能还出于某种由于无知而导致的新奇",[1] 似乎也过于浅薄,消解了时代背景。如上文所述,最为理性、客观的观点应当是:"寻根者所寻之根,应该是最富有现代感,最有益于现代生活的内核"。[2] 然而,"寻根"主张中那些极为明确的宗旨,为何会衍生出这些迥然相异的、混杂的理解?这还需对照"寻根"后期的发展去说明。

我们现在回望"寻根文学"的诸多作品,大体可分为三类:主流的一支,多是"挖掘社会动乱在传统文化心理及民族素质上的深层根源"[3],如《爸爸爸》《女女女》《小鲍庄》等,有感时忧民、批评社会"国民性"的五四倾向和意味,所以不难理解,有人将"寻根文学"曲解为五四的延续;另一类如莫言、张承志等作家的作品,"倾向于在城市异化、现代文明膨胀面前寻乡土道德之根

---

[1] 南帆:《冲突的文学》,上海社会科学院出版社,1992,第111页。
[2] 陈思和:《当代中国的文化寻根意识》,载《文学评论》,1986年第6期。
[3] 程光炜主编,谢尚发编《寻根文学研究资料》,百花洲文艺出版社,2018,第282页。

以解脱精神价值危机",[1]是对民族质朴心性品格的追崇；阿城与贾平凹另归一类，他们的作品表达的是对传统精神文化支柱予以再认识的"寻根"，是选择最少、起步最早，也是影响最深远的。显而易见的是，"寻根"后期的诸多作品，其主旨内涵早已偏离了杭州会议时所宣扬的文化题意。何故于此？

此前梳理"寻根"发生前后的时间轴可知，这原本就是一场先有思想果实、后产生主题口号的文学思潮，诸多作家作品的创作及杭州会议的召开，都在"寻根"主张明确提出之前。这种生成模式无疑为此后的发展埋下了弊端和缺陷，并成为"寻根"最终陨落的部分因素。

从创作主题来看，在前期的理论主张以及接踵而至的文学评论中，无论是作家本人或评论家，均不约而同将讨论的重点指向了传统文化之根。然而，所谓寻"根"，究竟对"根"如何定义，始终没有明确。

"寻根文学"众多的代表作品中，贾平凹的《商州初录》发表于1983年5月，李杭育的《最后一个渔佬儿》发表于1983年6月，张承志的《北方的河》发表于1984年1月，阿城的《棋王》发表于1984年7月，这

---

[1] 程光炜主编，谢尚发编《寻根文学研究资料》，百花洲文艺出版社，2018，第283页。

些作品被誉为"寻根文学"的代表作,创作和发表都早于"寻根"的提出。这些作品主题囊括了对民族美学的重新阐释和挖掘、对古代遗风的找寻、对地域色彩拾取等多个层面。虽然它们之间的确共同存在着某些对传统元素的书写,但犹如瞎子摸象,局部都对,却都构不成象,不是完整的文化状态。"寻根"庞杂而碎片化的描写,最终导致这个寄寓着众人远大理想的、试图以此为底蕴使中国文学跻身世界之林的传统之"根"逐渐演变得越发虚空而模糊。

从创作主体来看,"寻根文学"本就存在先天的问题。

寻根文学的作品之所以在后期显现出强烈的批判性、斥责民族劣根的特质,是创作主体的内因所致。在整个寻根文学思潮中,知青作家作为主体,担负着中流砥柱的重担。面对追赶西方现代文化的急迫感,纵然他们试图以传统文化为根基,开创具有民族特性的现代文学,但主观条件的限制使这一构想难以深化进行。一方面,知青作家普遍成长于主流的文化教育体制内,经历过最为动荡而颠沛流离的环境,所接受的文化教育多带有体制束缚,因此,他们对于中国传统文化的认知是片面而不完整的。面对传统、民族等某些丢失已久的文化元素,他们更多显现一种新鲜感。可是,以相对片面的认知为创作基石,必然不足以达成深刻而透彻的思考。另一方面,虽然有部分作家将视野下放于民间,但其经验多源于知青时期接近农民的日常所得,他们试图通过这些经验找寻遗落在民间的传统文化价值。然而,不同于扎根民间大地的土著居民,这些接受过西方文化熏染的知识分子无力汲取民间强大的生命力,只能通过"民族的包装来含蓄地表达正在形成中的现代意识"[1]。

随着寻根文学潮流的愈发深化,"寻根"倡导者们愈发走向狭窄的、粗浅的,局限于地域性、民俗化的写作范式,传统文化之优秀成分渐微暗淡,而那些"病根"愈发成为主流。如贾平凹《商州初录》的文化色彩是淡化在乡野风情中,飘然虚无之感尚有回味。其他一些作家也拘泥于对某种民俗风貌的渲染,而漠视民族性内涵,或沉溺于对原始荒蛮的环境构画,而忽略了对现实人生的揭露和指导。对民族文化"病根"的挖掘,无疑对"寻根"产生了束缚和局限,其中所展现的文化之质更存有不足及不真实性,继而失去了"寻根"原本的精神内核。

多年后,洪子诚在《中国当代文学史》的编撰中对"寻根文学"与"文学寻根"这两个概念有意进行了区分。

---

[1] 陈思和:《中国当代文学史教程》,复旦大学出版社,1999,第277页。

他认为,"文学寻根"作为一种文学主张,意在"以'现代意识'来重新观照'传统',将寻找自我和寻找民族文化精神联系起来,这种'本原'性(事物的'根')的东西,将能为社会和民族精神的修复提供可靠的根基"。[1]然而,"在这期间,有的评论文章不限于'文学寻根'这一用以说明潮流的说法,而使用'寻根文学'('寻根小说')、'寻根作家'的概念。但是,被指认的作家作品的面貌是否可以这样概括?而作家本人也大多不能认可这一归类,因而,'寻根文学'和'寻根作家'的说法并没有被广泛采用"。[2]阿城作为此种典型,他显然是认同洪子诚所说的"文学寻根"主张的,与此同时,他也是反对对他的"寻根作家"这一归类的。

究竟为何会出现截然相反的两种态度?首先应明确这两个概念的差别。

如洪子诚所说,"文学寻根"是一种文学主张,表现的是一种文化意识。而"寻根文学"作为一个文学流派,是对于创作潮流中作家作品的整体归结。被批评界所指认的"寻根文学"中,许多作家的作品所展现的思想和艺术追求看似殊途同归,实则南辕北辙。所以,面

---

[1] 洪子诚:《中国当代文学史》,北京大学出版社,1999,第323页。
[2] 洪子诚:《中国当代文学史》,北京大学出版社,1999,第322页。

对《爸爸爸》等作品的批判性异变以及再次回归到原来意识形态中对传统文化保守愚昧一面的否定,阿城拒绝自己被打上"寻根"的标签。《棋王》所主张之文化,是以现实境况为条件对传统文化的反思、再认识,反映出现代人在精神困境前自觉的、超脱的思考。应和着"从人类精神现象释文化,寻根者所寻之根,应该是最富有现代感,最有益于现代生活的内核"[1]的本意,应该是传统文化中那些优秀的成分,而非那些"病根",本质目的带有明显差异。也正因此,研究者们对阿城被划入"寻根"之列歧见丛生。

较早展现出质疑态度的是陈思和的《当代中国的文化寻根意识》一文(1986年)。抛却主流的传统限阈,他认为阿城表达的精神内核,实为于现代生活有益的、具有现代感的文化,大可不必引证老庄之说证明其文化内涵,并明指"阿城的小说似乎很难归为'寻根'的概念,更多的是泄露他自己对中国文化精神的领悟与感受"。[2]刘克宽则在《〈棋王〉:庄禅美学精神在新时期的原型显现》一文中说明,"从整体上说,《棋王》文化意识浓厚

---

[1] 陈思和:《当代中国的文化寻根意识》,载《文学评论》,1986年第6期。
[2] 陈思和:《当代中国的文化寻根意识》,载《文学评论》,1986年第6期。

而不入寻根文学之流"。[1] 人们似乎忘却,"寻根"的文化之本意,正是对现代化文学发展指明一条出路。相比民风民俗和寓言神话等外在物象化传统元素的展示,阿城所展现的是内在文化精神的"底气"。类似的剥离性文论不胜枚举。

变革现实的理想——
以《生活理想与审美理想》为例

早在《棋王》发表前,阿城写过一篇《生活理想与审美理想》,载于《电影美学:1984》,是针对1983年中国知青题材电影所作的评论。

学术界不少人研究过阿城,却没人提及《生活理想与审美理想》,我有幸于布满尘埃的书架间将它翻出,却不曾想,竟是一份极重要的资料。按照文学专业的学术话语来讲,我需秉持学理的自觉,将它打捞出历史的河流,使之重温学理之光的照耀。

在该文中,阿城不仅明确声言极具现代意识的现实主义创作理念,更伴有对道家美学的揶揄之态,同时还

---

[1] 刘克宽:《新方法:新时期小说批评探险》,百花文艺出版社,1995,第86—96页。

可窥探到阿城早期关于复归主题的思考、"制约论"思想、艺术的审美理想等重要观念的雏形。

在人类文明交流史的长河中,文字符号的含义往往具有多样性,尤其是中文,由于同一字词总能引申出多样解释,所以人们总有理由各持己见,即便是作者本人,也无法以自辩消解他人与自己不一致的观念。尽管阿城曾多次试图脱身寻根文学"误会式"的纠葛,但在嘈杂的阐释中、众多惯于"戴帽"的划分下,人们引《文化制约着人类》为据,始终将其作为界定阿城"寻根"作家身份的有力证据。然而,《生活理想与审美理想》一文的论述,为我们提供了另一种可能,去说明阿城的文化理念实则带有鲜明的现代性意识,是一种基于现实变革的文化理想。或许,借此能为有兴趣的研究者铺垫一层更坚实的基石。

文学作品是作者主观思想的艺术表现,因而作者的意识、理念对文本研究至关重要。局限于文本的解读,更多是捕风捉影,唯有勾连起作者的相关文论思想,通连其理念的发展脉络,才能开辟出新思路。

在《生活理想与审美理想》一文中,阿城以1983年的中国知青题材电影《我们的田野》《十六号病房》《乡音》等为评论对象,强调作品的艺术表现对现实生活的观照深度,并提出理想对现实的反馈应作用于现实的变革——即文中探讨的源于生活的审美理想。李陀曾评论这篇文字"对于这两个'理想'及其关系的讨论均从生活及创作实际出发"。[1] 通读全篇可感受到，阿城对艺术作品的审美理念带有浓厚的现实主义色彩，且并非限定于对现实生活的客观反映，还带有作用于现实变革的追求。其中较为典型的观点有：

> 艺术既是对生活现实的观照，又是人类某种精神的表现，若只有精神表现，而不能观照出生活的进步逻辑，那么其中的精神就令人生疑。[2]

> 理想与现实的矛盾中，理想对现实的反馈不应只是完成其中的道德层次，而是应该作用于现实的变革。[3]

> 精神的能动性在于改变生活实体。生活实体有历史相对性，因此要在历史进步的意义上促成这种

---

1 钟惦棐主编《电影美学：1984》，中国电影出版社，1985，第397页。
2 钟惦棐主编《电影美学：1984》，中国电影出版社，1985，第304页。
3 钟惦棐主编《电影美学：1984》，中国电影出版社，1985，第306—307页。

改变。[1]

透过这些只言片语,可以猜想,对生活、现实、变革、进步等几个关键词的反复强调,蕴含着一种极为急切而强烈的发展、推进、变革现实的要求。依阿城之见,知青文学或知青电影(反映、描绘知青题材的作品)首先应建立于对现实生活、社会环境的客观、深刻的认识基础上,无论是艺术作品的表达,还是现实生活,都需了解本质的真实,那些乌托邦式的理想或充满幻想性质的实践,终究会在破灭后化作悲惨。

以现实性认知为衡量尺度,就可理解阿城的评价:电影《我们叫它希望谷》中的理想破灭,是缘于缺少对中国现实组织形式和生产力状况的实际考察。现实境况同样如此。知识青年们响应国家号召,上山下乡,试图改造农村,改天换地,推动中国进步,他们满怀热情投身于建设事业,却狂热于追求种种"业绩",将主观认知建立在脱离实际的虚空想象之上(即第一次理想),这种努力必然会遭到历史的严苛淘汰。

《树王》中的李立,就是其中的典型。李立作为知识

---

[1] 钟惦棐主编《电影美学:1984》,中国电影出版社,1985,第308页。

青年的先进分子代表，怀揣满腔热血投身于改造中国的伟大计划，舍命砍树，毫无杂念，却未能辨别本质与价值。在他眼中，山中野树无用，以伟大姿态种下的树才有用，他坚信自己可构画最新、最美的图画。李立对现实的认知是扭曲的、政治性的，对自然生命丰实的质感、宇宙万物的生态关联、改造社会的实际意义，更是避而不谈。小说结尾虽没有明确展露李立的理想破碎，但通过对那些如疤的树桩、如白骨的花的描写可知，李立实践的理想已沦为一场伤害——自然之伤，人性之伤，也是历史进步之伤。他脱离现实逻辑的理想，必然在前进的历史车轮下覆灭殆尽。相反，唯有将认知浸泡于现实之真，才有可能达成精神本质的进化，实现知识青年们的第二次理想。

在阿城讨论的另一部电影《大桥下面》中，主人公秦楠是一位带有知青生活阴影的普通女人，不普通的是，她敢于以坦诚、真实的姿态面对过往，清醒地认识真实的生活，生存与价值便是她的理想。虽然这种理想缺乏诗性色彩，但阿城赞赏："秦楠是一个反抗者，一个觉悟者。她唱出的理想之歌，发自整个现实大地。"[1] 这种极具

---

[1] 钟惦棐主编《电影美学：1984》，中国电影出版社，1985，第303页。

现实主义色彩的理想，同样体现于王一生（《棋王》）的生存意识，体现于老杆儿（《孩子王》）不合作的态度。他们深知高耸的现实围墙，了解灰涩的时代命题，却能以此为条件，充分发挥出合于现实的自由与理性选择，从中达成自我理想的实现。

然而，仅仅基于现实认知的作品依旧单薄，不具有充分的力量。面向现实的同时，还应在作品中提出变革现实的要求。唯有真正作用于现实，文学作品的艺术价值才可转化为历史的推动力，这也是阿城在自身实践中所坚持的。

从"三王"到"遍地风流"系列，无一不是基于现实，对当时的文学形式有所创新，产生带有变革现实力量的作品。无论是对知青题材别开生面的表现方式，还是传统文体的选择，抑或最自然质朴的民族语言风味，均为当时贫瘠的文学土壤注入了新鲜的生命活力。相比于众多寻根作家对传统因素的有意挖掘，阿城的作品中对传统更多是无意的自然流露，这也是根本区别。因此，从事后人们定义的"寻根文学"概念而言，虽然阿城小说中对于传统的表达与他人不尽相同，是将传统精神气韵包裹于普相的现实人生，但其初衷，是为中国文学现代化指明方向，正是"寻根"的本意。也正因此，从最初的积极响应到后来的淡漠，阿城的态度随着"寻根"作家对传统的负面影响的愈发放大而逐渐疏离,直至后来拒绝做"寻根"的注脚。

阿城少年时代在旧书店中形成的知识结构使他知道所寻的"根"是什么,所以,在他人的书写发生异变的同时,他却坚持以探寻文脉传统为核心。如王晓明对阿城的评价:"据说在那些主张'寻根'的作家中间,他是最为本色的一个。"[1]从最初的《棋王》,到后期杂文、访谈中关于文化的言论,阿城的个性追求始终与其自身所提出的"文化寻根"初衷保持一致,并愈发深化自身的文化观念书写。

在后来的文章中,阿城对自己被作为"寻根"的代表进行剖析:

> 后来我的作品被当作中国小说"寻根"派之一,这有道理,但又不是全部的道理……在我刚刚开始写作的时候,我有十分切实的荒原感。一百年来,中国在文化中持续处于破坏的状态,很少积累,当你要完整地思考和表达时,你不可能不后退一百年去一个人尝试,这当然是一种"寻根",而这时我找

---

[1] 王晓明:《不相信和不愿意相信的——关于三位"寻根"派作家的创作》,载《文学评论》,1988年第4期。

到了抵抗当代专制文化的东西。这也许类似欧洲中世纪的"文艺复兴"要"寻根"到古希腊。寻根的两个方面,一是纵的古典,二是横的当代民间,民间包括了当代个人的内心深处。广义地说,当代中国一切背离专制文化的行为,无不处于寻找的状态,重新在西方寻找,亦是一种现实的要求。[1]

遵循现实要求,阿城试图以西方现代视角重新反思传统文化资源,希望在当时普遍贫瘠的文化土壤中,通过对知识和文化的再认识,建立起一种根植本土、又能面对世界的文学力量,从而对专制文化环境中造就的僵化文学表达有所突破,形成发展性、进化性的变革。

回首往昔,无论"星星画展",或"寻根文学",他都在试图突破当时文化现状的闭塞。如阿城所反思,"在中国要走向改革的今天,如将十七年理想化,那只是将理想加以感情色彩化、道德化,对于我们如何实现一种新的生活实体无益,缺乏深刻的改革意识"。[2] "寻根"所寻求的应是在向传统的复归中寻求现实变革之路,是指明使中国文学树立于世界之林的基础。"从客观上说,寻

---

1 阿城:《谈谈我的创作》,载《香港文学》,1986年第4期。
2 王晓明:《不相信和不愿意相信的——关于三位"寻根"派作家的创作》,载《文学评论》,1988年第4期。

根实际上代表了一种疏离主流文化、亲和民间文化，疏离中心文化、亲和边缘文化的价值取向"，[1]打破了当代小说内容的局限，同时拓展了思想的深度及广度，挖掘了巨大的写作资源与表现空间，在原有政治、经济、日常、心理的基础上，带来民间神话、传说、风俗、宗教等新鲜元素。奈何，当汲取传统文化中的优秀成分以纾解现代困境的梦想演变为对"病根"的审视与解剖，自是消解了"传统"的精神和生命。

无论二十世纪或者当下，中国文学要在世界多元文化的舞台中取得一席之地，都需以自身土壤为根基，灌注以独特而深厚的民俗传统，由此才能真正屹立于世界之林。莫言的小说之所以在全世界得到广泛的认同，背后家乡文化所蕴含的浓厚的民族特征也是原因之一。这些民族的、传统的文化在历史大浪的冲刷下保留至今，它们不仅是先祖智慧的凝结，更是丰富多元的现代文化的重要构成部分，也为未来的文化发展提供着多样的可能性。于此，我们可以重新理解，阿城追寻的文脉之根是对断裂传统的接续，对丢失的文化精粹的召回，对文化发展提供的多一种可能方向，是一种带有变革现实色彩的理想。

---

[1] 王青主编《中国新时期小说研究专题：1978—2010》，中国矿业大学出版社，2018，第 62 页。

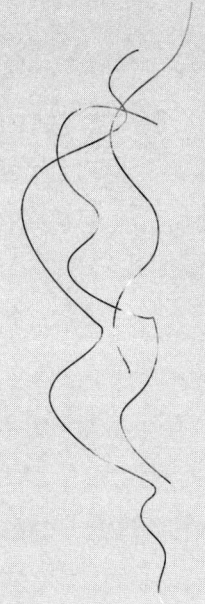

价值与主义

不同"道",道不同

价值,如何衡量,体现着一个人的取舍和态度,就像娶妻,或择业,人总有心中的一杆子秤。对创作的人来说,那杆子秤就是内在的动力,既观照作品的意义,又表露思考和情趣。若想摸清一个作品的力量所在,不妨从作者的价值观说起。

众所周知,阿城的书写和传统文化脱不了干系。传统,悠久而远去的现实,人们往往忽视,它表象下蕴藏的价值也可以指向现实,犹如"寻根"蕴藏的变革现实之本意。阿城追寻传统的初衷,本就是发展现代文学的路径,那些对传统的、民族的文化的挖掘,正是反哺现实,确立进步发展的基点。可以确定,观照现实并推动进步,才是他心中衡量文化价值的尺。由此反观阿城的创作,既可厘清其作品的意义,更可勘正研究方面的诸多误读——例如阿城对道家美学的态度。

人们一度将《棋王》的文化内涵指向道家文化意蕴,其中最经典、对后来的批评理论影响最深远的,莫过于苏丁、仲呈祥合作的《〈棋王〉与道家美学》一文[1]，在一段时期内，它几乎框定了文学界对阿城道家传统美学研究的方向。大智若愚的王一生，在弱而化之、无为无不为的道家哲学精义中，为我们展现了道家的真意，他"就像绝尘而去的庄子一样，达到了对喧嚣尘世的超越、对人生苦闷的超越"。[2]这种避世而无为的价值色彩，显然无用于现实，却一度成为学者强加于阿城的"传统气韵"，似乎无人察觉阿城曾明确声言的对道家无为理念的批判。在此，不得不重提《生活理想与审美理想》一文，以表明阿城对道家无为理念的揶揄之态，更说明其文化观中关照现实发展的价值追求。

《生活理想与审美理想》在讨论生活理想的道德因素时曾提出，道德作为一种观念形态，产生于社会的物质关系，同时对当下社会具有作用力。暂可理解为，道德是形而上的精神思想、价值体系。道德随历史而生，又对历史的进步具有指导意义。基于变革社会的要求，阿城以批评的口吻谈到，"历史上许多人将勇气与毅力投入到道德的自我完成中去，而不将这种精神动力投入到社

---

[1] 苏丁、仲呈祥：《〈棋王〉与道家美学》，载《当代作家评论》，1985年第3期。

[2] 李小龙、张仲裁、杨飞：《不可不知的文学常识（中国卷）》，北京联合出版公司，2017，第346页。

会改革中去",[1]并取老子、庄子为例。当我们将文中隐含的价值理念引申出来,对某些诘难和批评的驳斥就容易了许多。文中论述:

> 老子认识到自然的规律及社会中某些范畴的规定与变化,却将道德上升为无为,成为不可改变的规律性的东西只能在精神上完成它。庄子更甚。本来庄子的相对主义是可以深刻地批判道德中的善恶的相对共存,但他觉得不如完全否定掉来得高明、痛快。虚无也是一种自我完成。作为个人,摆脱一切是有物质可能的,即死去。但作为历史,作为社会,难亦哉![2]

以他深厚的传统文学修养,阿城深知老庄学说的实用性,面对这些对社会变革有益的部分,老、庄却将认知化作无形的精神追求,对此,阿城抱以感惜、痛挽,更将死亡同比于虚无的自我完成,弥漫出隐忍而深切的愤懑情绪。阿城于此所表现出的对现实的自觉与忧患意

---

[1] 钟惦棐主编《电影美学:1984》,中国电影出版社,1985,第306页。
[2] 钟惦棐主编《电影美学:1984》,中国电影出版社,1985,第306页。

识,无疑是其审美心理机制的关键所在。由此再看某些声音,抨击阿城小说所流露的人生态度是"逃避现实就是避免与恶势力对抗和斗争,因之必然反对争强斗胜,正是这些思想,构成了中国民族文化心理中比较消极的那一个侧面。阿城对沉淀于国人性格底层的这些让人心痛的文化心理特征,不仅不加任何批判,反倒抱着十分欣赏肯定的态度"。[1]显而易见,如此指责《棋王》主题先行、基于老庄之说而塑造人物、主张消极自由的观念,顿时不攻自破。

固然,阿城在小说中赋予王一生的"棋"以道家意味,是客观事实,但并非由此就能断定《棋王》对道家文化价值的推崇。形同《棋王》中倪斌的祖上倪云林"将棋炼进禅宗,自成一路",[2]以此类推,倪斌传于祖上的"棋"必然为禅宗之棋?未必如此。

倘若以《棋王》初版的反讽性结局为参照,甚至可解读为是阿城对王一生无为状态的失望。

李陀回忆,《棋王》原本描绘的是一个更加耐人寻味的结尾,后因《上海文学》的要求做了修改调整,小说

---

[1] 李文田:《阿城小说及文化回归意识的消极倾向》,载《批评家》,1986年第7期。
[2] 阿城:《棋王·树王·孩子王》,江苏凤凰文艺出版社,2016,第36页。

本意随之发生微妙变化。最初的故事结尾大致为：

> 许多年后"我"到云南出差，听说"棋王"已调到"体委"做专业棋手，于是抽暇去看他，两人正好在"体委"大院门口相逢，只见"棋王"胖胖的，一脸油光。说不几句话，"棋王"便拉着"我"的手说：走，吃饭去，这里每天有肉，随便吃。当"我"问是否还下棋时，回答是：每天吃饱饭，下什么棋？[1]

这版结尾所表达的内涵意义完全不同。

王一生前后的鲜明反差明显带有讽刺、批判意味，完全颠覆了此前某些指向道家的美学追求。文学创作，本是灵动而微妙的，绝非非此即彼的鉴定，固然文字的空隙中会夹杂创作者的意趣选择，但"阿城并不是在对王一生的形象作哲学分析和逻辑归纳、而是作自由的艺术表现"。[2] 无论儒、释、道，都是历史的产物，是人类对现实认知、思考的结果，阿城或许选取了其中某些基因，将其化作人物表象的华衣，但追求的实质，仍是映

---

[1] 李陀：《1985》，载《今天》，1993年第3-4期合刊。
[2] 辛晓征：《读阿城小说散记》，载《当代作家评论》，1985年第5期。

照现实社会的前行之路、思想的升华之路。

艺术是精神的表现,但精神需以生活的进步逻辑为主旨,继而通往现实的彼岸。同为传统文化思想的结晶,相比老庄哲学,阿城更认同孔子的理念,因为孔子之说具有变革社会的现实价值。早在人们纷纷将阿城归为道家时,他曾为自己正名:"大概是《棋王》里有些角色的陈词滥调吧,后来不少批评者将我的小说引向道家。其实道家解决不了小说的问题,不过写小说倒有点像儒家。做艺术者有点像儒家,儒家重具体联系,要解决的也是具体关系。"[1]这再次证明阿城对文化需解决问题、推动社会进步的价值要求。孔子身处礼崩乐坏的社会,他主张克己复礼、恢复周礼,力图重建一种人人遵守的制度。礼制对人们产生自内而外心灵和行动上的约束,犹如今天宪法的效力,对平息理想与现实社会的矛盾产生积极意义。所以可以理解,阿城反复提及孔子之言"郁郁乎文哉,吾从周"是对理想折射的现实价值的认同。从阿城映照现实的文化价值尺度来看,我们恐怕很难再说《棋王》是一部推崇道家文化之作。

以现实为价值之尺,同那些更为侧重于情感抒发、

---

[1] 阿城:《棋王·树王·孩子王》,江苏凤凰文艺出版社,2016,第170页。

情绪释放的文字相比,"三王"或"遍地风流"系列短篇更表现出对生活现状的思考,隐含警醒之意。依阿城言:"复归是一种理想。此中理想是因为理想者不满意其所处的环境关系而产生的摆脱动机",[1]即带有反思现实、作用现实、变革现实的内在驱动力。由此反观"三王"的主题,无一不展现出对现实环境的不满,无一不是在抒发摆脱现状的理想,概可归为复归主题的一种艺术表达。第一人称"我"作为作者艺术性的化身,伴随肖疙瘩、李立、王一生、老黑、来弟等人一路走来,在旁观众生世相的过程中不断对现实予以反思,对社会主流价值提出质疑,试图在时代意识形态的制约下争取最大的自由,精神的自由。在《树王》中,"我"试图撕开荒诞时代的裂缝,唤醒内心泯灭的良知;在《棋王》中,"我"不满于精神世界荒芜的现状,思考人类存活于世的根基,希望拓展生命的广度和深度,直到寻求到精神自由的理想境界,达成对精神理想的"复归";在《孩子王》中,"我"更是不满于僵化的、脱离现实的教育体制,试图改变、摆脱,却无奈于客观现实的制约。"三王"结尾的"我"虽都无法达成理想的实现,却能够实现对现实的全面认知,

---

[1] 钟惦棐主编《电影美学:1984》,中国电影出版社,1985,第308页。

在制约下达成主观的精神自由,即坚持自我,从另一种角度而言,也是道德的自我完成的胜利。以复归主题为基点,"三王"的创作,正是阿城对所关注的"是否可以在复归主题上提供给观众新的认识"[1]的表达。

除小说主题外,阿城与众不同的文体选择亦是一种"复归",并为当时文学表达的现状提供一种新意。所以当人们多年后回顾八十年代文学时,无不认同阿城在伤痕文学、反思文学的洪流中展现出特别的文化价值。将"复归"意识延伸至文化范畴,或许也可以将阿城的传统文化意识理解为当代文学的另一种"复归"形式,是以变革现实为价值理念的自觉表达。

断裂与接续

在中国的语言系统中,"文化"之说古已有之。《说文解字》言,"文",错画也,象交叉,本意为各色交错的纹理,后衍生出语言文字的象征符号、伦理修养、美善德行等内涵。"化",本义为改易、生成、造化,后衍生为事物形态或性质的改变。直至西汉,刘向所作《说

---

[1] 钟惦棐主编《电影美学:1984》,中国电影出版社,1985,第307页。

苑·指武》中言,"圣人之治天下也,先文德而后武力。凡武之兴,为不服也。文化不改,然后加诛。"这时"文化"才合为一个词,意为"以文教化",指对人们性情的陶冶和品德的教养,更像是动词。《文选》第十九卷"补亡"中有"文化内辑,武功外悠"之说。

按照《现代汉语词典》对"文化"一词的定义,文化是"人类在社会历史发展过程中所创造的物质财富和精神财富总和,特指精神财富,如文学、艺术、教育、科学等"[1],已变为一个名词。所以阿城指出,"文"是相对于"武"提出的,并非现代人们口头所说的"知识"之意,而表示的是一种"关系"的处理方式,处理成"文",或处理成"武"。他对"文化"的这种阐释,是在试图复原词语的原本涵义,也是为找寻和继承传统文化积跬步之力。

知识并非文化,但是文化由知识组成。知识如同散落在人类发展前行道路中的智慧结晶,它具有颗粒性,是独立的概念或定理,同时它具有分布性,在知识的连结中构成了"文化"。文化带有连续性,只有将多种相关的文化糅合凝结,才能展现出其脉络,继而窥探其贯穿

---

1 中国社会科学院语言研究所词典编辑室编《现代汉语词典》,商务印书馆,1992,第1204页。

历史的整体样貌。阿城所追求的，是知识的填补，文化的接续，他按寻文化的脉络追根溯源，探求民族传统中最具生命力的特质。

何以说阿城的文学谱系以"文化"为核心？梳理察看其作品的思想内容，答案便昭然若揭。

众所周知，《棋王》《树王》《孩子王》被誉为"寻根文学"的经典作品，小说中所展露的文化意识自然毋庸置疑。"遍地风流"系列短篇的发表虽迟于"三王"，但其创作时间却是阿城上山下乡早期，在记录众生相的同时，隐含着对民间风土乡俗的浓重气息的深切体察。可以说，他早期的文学创作已是顺应"寻根"主张，在小说的构建中表露出浓烈的文化意识。然而，真正袒露他文化思想、细致梳理中国传统脉络的创作，却是后来的散文、杂文、访谈、研究性文论等文字。

阿城曾在威尼斯旅居三个月有余，其间，他将所思所想、所见所闻以日记形式书写记述，形成了《威尼斯日记》一书。这部极具时效性、高度个人化的生活记录，之所以能令众多读者津津乐道、爱不释手，除了语言之精炼、思维之奇趣之外，当中饱含的丰富文化，使得一本薄薄的册子表现出历史的厚重感。

日记看似是生活的简单记录，实则其中穿针引线般点缀着古今中外的繁杂文化元素。阿城总是以入世近俗的生活琐碎为引,将内容延伸至历史的某一角落,铺陈开另一方广阔天地。如《十二日》,由晚餐的扇贝,蔓延至《旧唐书》和《教坊记》所记载的舞蹈;《十四日》,则由朋友所赠《茶经》,蔓延至公元前一千多年中国土地上文化的混杂状态等,并穿插记述了许多文化相关的作品,如《扬州画舫录》、《庄子》和四大名著等,字里行间都是对传统文化的展示。

此外,阿城以人文视角,表达对世俗文化的态度,铸就杂文集《闲话闲说》。他以世俗为核心,为我们娓娓道来"所谓中国文化,我想基本是世俗文化吧",[1]由此铺展开种种话题,为读者展现丰富的世俗文化样貌。正如这本书的副标题——中国世俗与中国小说,他将笔墨集中于从古至今中国世俗生活所展现的文化内涵:讲老庄孔孟的哲学和文化思想,讲宗教文化在中国传播的异变,讲中国本土文化与外来文化的融合,讲传统之饮食,讲文学与世俗间千丝万缕的关联等等,全书无处不充盈着文化之意。

到了《常识与通识》,阿城进一步深入探寻文化意识的形成,书中穿插着许多科学新知的概念和理应众所周

---

[1] 阿城:《闲话闲说:中国世俗与中国小说》,江苏凤凰文艺出版社,2016,第22页。

知的常识，形似科普性文论，实则其目的在于召唤文化精神。经过动荡时代的席卷，许多千年的经验和常识面目全非，秉持对世界的公德心，阿城试图在此找寻一种通识的思维风度。全书内容从人类的脑结构和进化讲起，用生物本能的机制解释文化的形成，辐射至艺术、生活、情感等诸多领域。例如，文艺作品的感染力源于脑活动的刺激及共振，艺术创作的热情源于生物本能的攻击性，思想源于蛋白酶作祟，童年阴影源于杏仁核的情绪记忆等。他以讲述禅宗公案故事的方式，将文化精神隐藏于常识之下，希望人们遵循"热铁别摸"的基本法则来看待世界，建立起以常识为基准的思维方式。作为一种知识，常识塑造着人的认知边界，甚至影响人与人间的相处方式，以及问题的解决方式。只有将常识普及为通识，才能在面对某些文化现象和文化问题时，使整个社会做出理性的判断。

文化不仅是知识、是常识，更是生活的习惯，是人们对于世界自然形成的心态和价值观念。正是文化土壤的不同孕育出各个民族在世界文化中的独特性。虽然寻根文学已然在历史中淡退，但是阿城的文化意识和文化思想却仍旧延续，甚至更为宽泛而深入。继小说创作后，阿城的几部作品均以"文化"为中心，内容延伸至文学、艺术、教育、科学、生活等诸多领域，试图从多层面、多角度钩沉中国传统文化的面貌,在回瞻历史中寻找失落的知识,在梳理知识的过程中辨明应有的智识,接连中国传统文化脉络。与此同时,他也逐渐愈发明确了自身文化道路的方向。

依陈思和之见,以时间为线,"所谓文化之根,只能是时间的逆向运动的结果——越是原始的,越接近文化之根"。[1]在近年出版的《洛书河图》和《昙曜五窟》中,阿城对传统文脉的找寻追溯至中华文化发生之源。

2014年,阿城以一本《洛书河图:文明的造型探源》再次引起关注。此前几年,他虽不再专注于小说创作,但仍活动于电视、电影、音乐、美术、文艺评论等文化领域,以"在野"的身份游走于主流边缘,随心由性地忙碌于一方自为空间。2005年,阿城受邀到中央美术学院油画系的三画室为即将进入本科毕业创作阶段的学生授课,2009年被聘任为中央美术学院造型学院的客座教授,讲解造型史和色彩,其间举办过多次讲座。《洛书河图》和《昙曜五窟》的内容便是按照授课及讲座录音整理而成,以造型学为本,结合了考古学、天文学、历史学等文献和田野调查的资料。作为授课内容,这两本书

---

[1] 陈思和:《当代中国的文化寻根意识》,载《文学评论》,1986年第6期。

实则是具有学术性的研究著作，但阿城以其独特的讲述体作为文本样式，深入浅出的讲解使得这两本书更具文化普及性。阿城素来对美术颇有研究，以此为契机，他将多年来对先秦哲学、东亚文明、苗族文化、佛教历史等方面的知识融会贯通，形成了以"文明的造型探源"为主题的两部著作。从《洛书河图》和《昙曜五窟》来看，阿城对于中国传统文脉之根的找寻意识，显然与此前表露的文化意识具有连续性，也更为深刻。阿城不再限于单纯的对传统文化的展示，而是以文化为点，接连成线，通过梳理线索脉络寻求文化发生的本源。

从古至今，由于政权更迭或社会变革，中华文脉曾发生多次演变或断裂。以现代的五四新文化运动为例，它一方面为中国文化确立了新的分水岭，但是另一方面，随着白话文运动的发生，典雅的文言渐为消失。在社会发展中，传统文化失掉了许多，也改变了许多，即使当下，人们的许多文化观念，也存在偏颇或过度阐释的现象。例如阿城曾在文论中多次强调的原儒，即以孔子的讲解作为儒学文化的原始样貌。儒家文化自汉代经董仲舒的改造和民间润色，内涵几经改变，到清代已几近异化。也就是说，当下人们所普遍接受的儒家文化，实际上并不等同于孔子最初提出的儒学内涵。同样的话语或文化在不同的时代具有不同的意义，时间可能会导致它的变形，所以阿城提倡"我们要尽可能地站在作者的时代去考证它的意思"[1]，在文化发生的时间语境中复原它的意义。所谓"传统"，应是具有连贯性的传承。阿城在文化的脉络中追根溯源，找寻这个"根"最原本的状态，并把它接续完成。由此，文化才会真正传下来，而不至于异化。

路漫漫其修远兮。寻"根"之路不是单线逻辑，而是具有庞杂网络的交叉和关联，是在时而快、时而慢、时而停顿的积累中慢慢聚集起来的系统。"若想将地球上最古老的中国文化兜底来一次整理，用其积极的本质而再生，非要各个学科的志者一齐辛苦，要大陆内外的人一起来做，而且要几代人，才可能有结果。文学只是其中的一小枝，孤军奋战，必败无疑。不关联文化的文学，文字而已，社会学材料而已。"[2]阿城用自身的行动证明，他所说的"寻根"并非一时，而是一世。

从现实主义到自然主义

2023年末，王家卫以一部《繁花》引发热议，众人顺藤摸瓜找到金宇澄的原著长篇小说，却发现读来十分

---

[1] 阿城：《昙曜五窟》，中华书局，2019，第173页。
[2] 阿城：《又是一些话》，载《中篇小说选刊》，1985年第4期。

干涩。于是不免疑惑,阿城为何曾对《繁花》甚为抬誉?答案便是自然主义。

与生活真实不同,艺术创作是"我""我的""世界的"三者之间的辩证交融,体现的是作者内在思想、个体感悟与客体对象之间的关系。现实主义创作不仅要求展现社会生活的自然形态,更要体现出审美价值的真实,即艺术真实。按照阿城在《生活理想与审美理想》中表达的现实主义审美追求:

> 艺术真实,观照的是人类精神现象中的理想范畴。这个范畴对于人类目前的思维空间而言,几乎是永恒的。它成为一种艺术命题时,生命力非常之长久,只是在艺术的审美理想中,要防止其中生活现实这个被观照层次失之浅薄。[1]

简而言之,阿城意在警醒创作者坚守艺术价值,同时保证作品与现实人生的关联性。

那么,如何能使现实的观照层面展现出浑厚的质感和力度?一方面要映照现实生活的真实性,另一方面则

---

[1] 钟惦棐主编《电影美学:1984》,中国电影出版社,1985,第309页。

在于阿城强调的"艺术本体性质的挖掘深度",[1]就像电影的视听语言,或文学的文字语言,都要对此有所展现。

阿城小说从人物到事件,都有"原型"可寻。至于阿城对文学本体性质的把握和发挥,可从广泛的赞誉之言得到证实:文字结构"削尽冗繁,反朴归真"[2];叙述笔法"如水墨画般的浑厚凝挚"[3];语言的锻造"细致入微,却又惜墨如金;是工笔画,却又没有'画工味'和'庙堂气'"。[4]这类评说无疑是以阿城浓厚的传统文化底蕴为制约,忽视了他对西方文化的认知与思考。实际上,对于任何文化样式,阿城都予以极大的包容性:"不管是找传统也好,找西方也好,这样你的知识结构和知识构成才会丰富一些,你就会从原来的那个意识形态脱离开,或看得开一些。"[5]西方文化与中国传统文化,本质都是文化资源。在现实主义创作风行的二十世纪八十年代,中国文学受西方影响至深,众多作家有意识地在自己的创作中移植西方文学中现代主义以来的艺术手法与文学观

---

[1] 钟惦棐主编《电影美学:1984》,中国电影出版社,1985,第311页。

[2] 朱伟:《接近阿城》,载《钟山》,1991年第3期。

[3] 郭银星:《阿城小说初论》,载《当代作家评论》,1985年第5期。

[4] 苏丁、仲呈祥:《〈棋王〉与道家美学》,载《当代作家评论》,1987年第2期。

[5] 阿城:《脱腔》,江苏凤凰文艺出版社,2016,第194页。

念。阿城的创作带有西方文学的影响因子，也是自然。

阿城小说的线描手法，属于典型的现实主义创作手法。在东方美学领域，它与传统书画的创作理念产生审美内涵的关联，殊不知，西方美学中亦可寻到契合的创作理念。

在此，有一份冷门的资料恰好可作为证据，那就是阿城为朱西甯小说所作的跋《强悍之作的另类构成——〈铁浆〉简体版跋》[1]。文中，阿城明确表示，这是他在阅读契诃夫的《草原》时注意到的，"时时吸引我的写作现实：自然主义"。[2]

"自然主义"写作是法国小说家爱弥尔·左拉提出的，大多被认为是无意义的写作，在中文写作领域甚至评价不堪。因为在中国，自新文化运动之后，自然主义便被切断了，我们从小学习写作便被规定明确段落大意、主题思想，自然主义那种消解主题的表达被认为是错误的。所以阿城说，中国缺乏自然主义的土壤。但《繁花》长出来了，续上了自然主义的一脉，阿城对此甚是欢喜，因为那也是扎根在他心里的东西。

阿城曾谈到："中国实际上是有比左拉在时间和空间

1　朱西甯：《铁浆》，九州出版社，2018，第235—240页。
2　朱西甯：《铁浆》，九州出版社，2018，第236页。

上都要早的自然主义传统的,其实有很多人继承了中国的自然主义传统,但没有人敢于通篇继承,而是局部继承。我看《繁花》很兴奋的一个点是,终于有人开始给中国现代的自然主义补课。"对于自然主义传统,他以中国修辞中的"刷色"为例,予以说明:

> 苏东坡在颂扬千古人物时,忽然说"想公瑾当年,小乔初嫁了",此横出一笔,即是刷色:与主题无关,与意义无关,却突然有了温度。[1]

我查找资料,并没有关于"刷色"的过多阐释或说明,但依照阿城所说的效果,在古诗词中可发觉许多类似的精妙之笔。例如王维《使至塞上》的"大漠孤烟直,长河落日圆",直言所见,一幅壮阔苍凉景象,随之生出一种悲壮豁达的心绪。

如果说现实主义写作是对事物的客观描述,那么自然主义写作则是在现实主义基础上洗净主观色彩的"无观"刻画,深入事物细微处,抚摸现实的肌理。通过看似与主题、意义无涉的描写,蕴藉着不可或缺的内涵意义。

由此及彼,我们或许可理解阿城小说所展现的"旁

---

[1] 朱西甯:《铁浆》,九州出版社,2018,第239页。

观者"态度,心领神会于那种"无观"的自在。阿城的小说创作亦充满这种"无物言之,却无不言之"[1]的叙述魅力。不动声色,不涉主观,就可能引向感知层面上的心灵之所,召唤文字背后的质感。《棋王》中,阿城于故事主线中穿插许多场景画面:总场街道的样貌,画家家中杂乱的陈设,众人在河边洗澡的速写等。又如《孩子王》中,对教室前空场景象的描写,对众人饭后无聊放空神态的记录,对山中湿气弥漫景观的刻画等。这些繁杂、细小的生活记录,如同大把颗粒,注入故事画面的夹缝,使之更为扎实有力,正是自然主义书写的独特之处。

相比"三王",阿城短篇小说中的自然主义风格更为凸显,《遍地风流》中的数十篇小说,均堪称自然主义的代表作。如《峡谷》《溜索》《洗澡》《雪山》《湖底》几篇,几乎完全消解了小说的故事情节,仅以人物的动作片段组成,通过对繁杂景物的细节描述,一幅幅生动多彩的风情画跃然纸上。以《峡谷》为例,故事讲述"骑手"吃饭的经过,以一连串动作、声音刻画出极"静"的氛围,喉咙响、蹄声、马的鼾声、风声、布旗的响声,仿

---

[1] 李劼:《论中国当代新潮小说的语言结构》,载《文学评论》,1988年第5期。

佛消弭了世界的背景音,在寂寞中突显一连串细微的响动,交奏出自然的活泼旋律。同时,阿城选择拟人手法绘状客观事物,"一跤翻仰"在路旁的大树、"昏死"在峡壁旁的巨石、"像在睡觉一般"的石屋,原本静止的事物经人像化处理,展现出丰厚的生命律动。

在短篇小说书写中,阿城惯于以自然主义那种看似虚而淡的描述为开头,犹如乐曲的前奏,不添加任何意义说明,缓缓地将读者的思绪、感觉引申至主调,起到引发情绪的作用。

最为典型的例子是《天骂》开头的地理位置介绍。《天骂》开篇写道,"太行山隔成山东山西,黄河断开河南河北。"此后接连三段均是对交通、路径的叙述,随后才开始讲述知青姑娘王小燕在吴村对生活环境的观察,并穿插描绘了众多杂乱的活计、干活的劳累之感、鸡叫、洗脸刷牙等日常见闻。小说题为天骂,然而,直至文章后半段,阿城才开始讲述这一民间的独特行为。

那么,文章前半段的铺垫无用么?倘若没有那些琐碎的描述,又如何能令人深切感受到乡间生活的样貌,如何表现出那种平实生活流露的质感?阿城"随手拈来的一把一把的生活的原生原态,它们没有被加工梳理成曲婉有致的迷人故事,而生活情趣的充盈、鼓胀、饱满、丰实感,传达给人们的异乎寻常的震慑人心的文学力量"。[1] 在平淡与真实中，情感随之升华、净化，一切都显得如此平常，不动声色。

不止于文学创作，在电影创作方面，阿城同样表现出鲜明的自然主义特征。由于电影有主题的限制，不可能全片贯穿自然主义，阿城便有意地糅进了许多自然主义段落。最常被津津乐道的，便是《小城之春》。《小城之春》中有个无法忽视的角色，就是那个絮絮叨叨的老仆人，他时常无意识地碎碎念着一些日常琐事，作为一种"背景音"存在。阿城试图通过这个最边角的人物，描绘出当时中国社会的环境质感，在剧本中给老仆人写了近一万字的"废话"台词，只可惜最终导演一句没用。对此，想必他是遗憾的。

到了担任电影《海上花》的美术顾问时，阿城又极力提倡"电影场景是质感，人物就是在不同的有质感环境中活动来活动去。除了大件，无数的小零碎件铺排出密度，铺排出人物日常性格"。[2] 那些细节是电影视觉上自然主义的具象化表现，以此才成就了一百八十扇各式图饰的雕花门窗，上百套纹样绣色华美的服装，以及无数头面配饰、零碎摆设营造出的场景的充实感。正是对历史、文化、

---

[1] 李文衡：《文学结构论》，敦煌文艺出版社，1999，第153页。
[2] 阿城：《文化不是味精》，江苏凤凰文艺出版社，2016，第120页。

生活等细节细致考证，还原时代氛围，才使得电影展现出历史的真实，"它们看来跟故事的悲欢离合无关痛痒，但正是它们的存在才让故事人物显得有血有肉"。[1]

通过粗浅的梳理可以明晰，阿城不仅追求着通达历史脉络的连续性、完整性，更注重映照现实，四散及当代生活的诸多领域。以现实为价值尺度，他采取那些有益于发展的文化基因，使其创作在传统底蕴之上汇聚出现代性的精神价值。同时，根植于现实的自然主义创作方法，更令其文字展现出真实而丰厚的质感，通过有限的文本表达，传达出神与物游的艺术境界。

---

[1] 马家辉：《爱恋无声》，生活·读书·新知三联书店，2008，第48页。

美术与小说

散落的美术形迹

文学与艺术，可谓同源异脉，联系千丝万缕。虽然表现形式不同，但同为情感抒发、思想表达的方式，有共通的规律，在彼此影响、转化中，引申出笔法、构造、形态、风格、表达方式等方面的相互借鉴。

《楚辞》亦诗亦歌，是文与乐的融合；"诗中有画，画中有诗"是自古文人追崇的创作境界；东晋顾恺之笔下翩若惊鸿的《洛神赋图》便是对曹植《洛神赋》的瑰丽想象。到了现代文学，意识流小说中，"把音乐的技巧或曲式作为他们小说中的某种隐喻，取得了丰富多彩的艺术效果"。[1] 而电影中时间、空间蒙太奇技巧的融合，更展现出人物内心的自由流动和起伏感受。可见，文学与其他艺术形式融会贯通，在丰富审美意趣的同时，更

---

[1] 方汉文主编《比较文学基本原理》，苏州大学出版社，2002，第214页。

延展出多层次的艺术力度，增强文学的涵盖力。纳博科夫笔下跳跃律动的交响回声，张爱玲描述的铺排卓绝的色彩世界，以及众多文学巨匠笔下散发的独特魅力，均得益于此。

说回阿城，他的艺术修养不言而喻，对美术自幼的喜爱和修炼，对音乐深刻的理解和痴迷，对电影经年累月的鉴赏和实践，有意无意间使他的小说自然糅杂了斑斓的艺术元素，随之散发丰盛的质感。然而，许是出于其文化性、历史感过于鲜明，人们往往忽视了阿城小说与其他艺术形式间的关联。任何具有高价值的文学作品，若想读个通透，纵向，需放眼历史的悠悠长河，横向，需穿梭艺术的多样门类，在文学与艺术的交织中，钩沉出丰富的艺术内涵。我们不妨从他一生散落的美术印迹娓娓道来。

当阿城作为小说家乍现于文坛，人们似乎忽略了文学视域外他曾为画家的身份。此前提及，钟惦棐早在鲁艺便是美术系教员，因鲁迅推崇版画，身在鲁艺的钟惦棐精通于木刻版画。受其影响，阿城五六岁便开始了绘画生涯。直到云南插队后期，1976年，阿城还有机会进入云南艺术学院。当时有位叫姚中华的先生，本想组织一些能拍照、懂绘画的北京知青，收编到云南省的创作组，但被他人误解，认作是"北京帮"拉帮结派的操作，所以借出身成分为由,将他们拒在了门外。阿城也因此失去了靠美术谋生的门路。

阿城未曾断了对美术的热情。二十世纪七十年代末,他参与极具时代意义的"星星画展",成为倡导艺术自由的主将,并创作了许多鲜为人知而弥足珍贵的画作。1978年底"星星美展"开始筹办,阿城"以单线条的钢笔画参加到'星星美展'中来"。[1] 所谓星星之火可以燎原,作为二十世纪八十年代现代艺术运动的开端,星星美展在思想、政治、文学和艺术等多个领域为现当代艺术的发展奠定了基调和方向,而阿城也在此间为引领中国艺术的现代化思潮做出了相应贡献。

1979至1984年间,阿城曾帮陈建功的《飘逝的花头巾》制作插图,"抽空还给北岛、芒克等人办的民间文学刊物《今天》画插图"[2],而后时常会有一些小说家找上门来求画插图。或许是这些与文学相关的工作引发了他跃跃欲试的兴致,阿城凭借深厚的文学底蕴,使《棋王》一炮而红。然而,文学创作的成就并未使阿城脱离美术视域,在后期艺术生涯中,他虽未继续美术创作,却持续搜罗、珍藏大量古今中外的画作,并著有大量美

---

[1] 谢泳编《思想的时代》,吉林文史出版社,2000,第147页。
[2] 马东:《与阿城有关的日子》,载《读者》,2017年第20期。

术相关的文章、书信，投身活动、讲座。2003年，他曾参与画家刘小东《三峡大移民》系列画作的创作和展览；2005年为中央美术学院油画系的三画室本科生授课；2009年被中央美术学院造型学院聘作客座教授，讲授色彩和造型史。他还被聘为电影《海上花》的美术顾问，协同铸就了一幅繁华迷离的浮世绘画卷。作为文学家，阿城的一生从未开办任何文学课程，可他却在中央美术学院担任客座教授，可见其美术素养绝非止于皮毛。

从欧洲文艺复兴时期的美术造型，到十九世纪末印象派画家群的创新；从中国古代文人画，到西方现代绘画的超现实主义；从中国民间剪纸的素描观念，到毕加索立体主义时期的造型处理。从画家到画派，阿城的美术素养积累可谓蔚为壮观。朋友亦习惯于"听他聊梵高的用笔、郑燮的乱石铺阶、白石先生的艺术人格、江浙新文人画的脂粉气"。[1]在鉴赏、收藏方面，他以文章《收藏之难》论述精鉴欣赏乃收藏要义，要明白历史、流品、派别、工艺、材料等散落各处的知识方能通达。通过《与孙良对谈》，阿城从工艺匠作的角度梳理中国绘画历史，从蔡侯纸的壁画传统，到五代"澄心堂纸"的工艺改进，

---

[1] 何立伟：《关于阿城》，载《白色鸟》，新星出版社，2017，第474页。

再到清代生宣成为后来的主流画纸,探究其对画作层次、颜色、质感的影响,并延伸至波斯细密画和文艺复兴的素描。基于种种积累,他才能在日本民间淘得南宋钱选的《折枝桃花图》,才能在意大利的友人家一眼识得黄慎的真迹。阿城精通于美术相关的诸多方面,并形成别具一格的心得体会,如此造诣,使得他将美术真正内化为自身表达的工具。

公元前500年,希腊哲学家西蒙尼德斯意识到文学与绘画的关联,提出"绘画是哑诗,诗是能言的画"[1]之说。北宋画家郭熙的画论《林泉高致》也有类似观点:"诗是无形画,画是有形诗……及乎境界已熟,心手已应,方始纵横中度,左右逢源。"可见,绘画的原则、方法与文学相通自古便已是共识。然而,如何能将两者融会贯通、运用自如?创作者的个人艺术修养最为关键。

丰子恺在《绘画与文学》中谈到二者关系时表示,"若不知色彩之深浅,光影之布置,词语之组接,意象之含义,要谈它们的关系谈出个所以然来,怕是不易。写作者必先懂得艺术门类所用工具的特殊性以及相应的创作方法,方才能讲出其内在联系。"也就是说,举凡任何

---

[1] 【意】列奥纳多·达·芬奇著,戴勉编译,《芬奇论绘画》,人民美术出版社,1979,第18页。

艺术技巧及理念，只有当创作者完全将其内化，具有相当程度的熟知和掌控，才能在另一艺术门类的创作中自然运化生发。阿城的小说之所以展现出中国画一般的艺术效果，其决定性因素无疑是其自身文学审美与美术修养的共鸣同频。

线性生长与骨法

阿城将自己对美术笔法的感知、审美蕴化为语言的表现工具，应用于文学创作，如朱伟所说："我体会，阿城的魅力在于他很好地悟到了一些工具的价值之后，很好地利用了这些工具的价值来表现他自身。"[1] 这"工具"便包括中国画的笔法——线描。以线存形，由线状物，阿城通过精准的线描，生动勾画出人物的骨法神韵，如《棋王》中通过画家之口讲解的"干活儿的人，肌肉线条都极有特点"[2]，显现对轮廓线条的敏感和观察。

线描笔法强调少笔墨、重骨法，以精炼、简明的线条勾勒人物的精神面貌，以传神之笔点化特征，以达到

---

[1] 朱伟：《接近阿城》，载《钟山》，1991 年第 3 期。
[2] 阿城：《棋王·树王·孩子王》，江苏凤凰文艺出版社，2016，第 43 页。

鲁迅"有真意,去粉饰,少做作,勿卖弄"[1]的效果。中国美术理论家伍蠡甫先生说"从东方画系看,笔的基本任务是画线以勾取物象轮廓。孔子提出'绘事后素'的讲法,已经是中国画论重视线条的滥觞了。"[2]线条承载着沟通笔、意,融合情、境的本质功能,以求以笔达意、以形写神、以小见大、寄寓深远的艺术效果。阿城小说中对于人物、风景、环境的线性勾画,以传神的线条和简笔而著称。"他极力回避形容词,基本是干干净净的主谓宾结构,并尽量使用短句子的穿插与连接,剪除了语词结构表面的乱毛,来体现清新疏落,挺秀遒劲",[3]继而显现出平淡去远、耐人寻味的传统线描的审美特征。

阿城自言,"中国古典绘画的另一个追求,是在画中完成一个生长过程","透明灰与生长关系,是中国古典绘画的灵魂"。[4]从语义角度看,文字的线性生长式叙述由少及多,由简及繁,通过简短的描述,能衍生多重丰富的语义,突显书写对象的特质。

徐剑艺在《论新时期小说的符号化倾向》一文中将阿城小说的"客观化语言——符号形式原型化"与何立

---

1 鲁迅:《作文秘诀》,人民文学出版社,1958,第474页。
2 伍蠡甫:《中国画论研究》,北京大学出版社,1983,第4页。
3 朱伟:《接近阿城》,载《钟山》,1991年第3期。
4 阿城:《文化不是味精》,江苏凤凰文艺出版社,2016,第248页。

伟的"意象化语言——语言符号文化化"予以区分,认为阿城的语言用"呈现法"给读者提供一种客观化的原型描述,"唯其没有限制,就使符号形式具有'空筐'性质",[1]有了装载无限丰富信息的可能,是线性的生长式表达。这种客观化的描述,不依赖先入为主的既有之见,而是如同工笔线描对事物样貌的原本记录。《棋王》开篇运用的,便是经典的线描手法:

> 车站是乱得不能再乱。成千上万的人都在说话,谁也不去注意那条临时挂起来的大红布标语。这标语大约挂了不少次,字纸都折得有些坏。喇叭里放着一首又一首的毛主席语录歌儿,唱得大家心更慌。[2]

车站、人群、标语、语录歌儿,几个代表性元素,概述出环境轮廓,而未进行过多的细致描述,又让读者瞬间感知到故事的时代背景。同时,以"乱得不能再乱"一句一语三关,形成多层次的语义内涵。第一层意为时

---

[1] 徐剑艺:《论新时期小说的符号化倾向》,载《文学自由谈》,1987年第6期。
[2] 阿城:《棋王·树王·孩子王》,江苏凤凰文艺出版社,2016,第2页。

代之乱：自上山下乡运动始，无数知识青年被安插至全国各地，人数之多，规模之大，涉及范围之广，力度之强空前绝后，人们原本的生活模式被彻底改变，形成时代的错乱。第二层意为车站环境之乱：离去的知青、送别的亲友，哭声、喊声、叮嘱声，成千上万人的说话声混杂着喇叭里的语录歌儿，那种人声鼎沸的情境，形成车站环境的杂乱。第三层意为人心之乱：离开的人怀揣着对未知的不安、对改变的不适、对命运的不甘，送别的人纠葛着留恋和不舍、担忧和不忍，在那个通讯手段还不发达的年代，面对长远的距离，人们无能为力，无论是即将离去的知青，还是前来送别的亲友，都心神忐忑，形成人心的纷乱。短短的一段刻画，凝练出时代、环境、人心的状态，通过场景的描述勾画出故事背景寄寓深意。阿城抛弃了繁复的形容词和修饰语，也从不大加渲染。无论是对人物或环境的描述，他总以朴素单纯的线条勾勒真实，突出特征，衍生出事物的风貌神韵，达成生长式叙述。

除了语义内涵的丰富，线描的生长式叙述，也是创作者身心状态的表达。正是在线条的脉络中，一切情感、内涵、思想才得以表达。因此"从唐代所论的'一笔画'到清代石涛提出的'一画'说，'线条'的概念已远远超越了艺术媒介的范围……意味着'形而上'的'道'或表现途径,自始至终缀合意、笔,统领心、物,统一主观与客观,从而概括出艺术形象"。[1]在人物表现上,阿城不选择形容词为人物冠以标签,而是通过抓取典型环境中人物的具象言行及形态,以轮廓突出人物个性,犹如明代人物画大师陈洪绶的古拙笔法,以勾画人物的"奇骨"彰显其独特神韵。

同理,阿城为莫言绘制的画像,就是"把莫言脸型那种'很不规则'的地方都有意用迂拙的线条突出出来……如果我们懂得陈老莲(陈洪绶),就一定会透彻地懂得阿城为什么要这样写人了"。[2]线条就是骨。如《孩子王》中对王福的描写,"只见他极大的一颗头,比得脖子有些细,昏暗中眼白转来转去地闪"[3],通过头与脖子失衡的比对和眼睛灵敏动态的描写,一个机灵敏捷的形象跃然纸上。王福的父亲王七桶则刻画为"绰号王稀屎……长得虽然不高,却极结实,两百斤的米包,扛走如飞,绝不似稀屎"。[4]低贱的称呼、矮壮的外形显然带有贬低

---

[1] 伍蠡甫:《中国画论研究》,北京大学出版社,1983,第46页。
[2] 孔范今、施战军主编《莫言研究资料》,山东文艺出版社,2006,第140页。
[3] 阿城:《棋王·树王·孩子王》,江苏凤凰文艺出版社,2016,第129页。
[4] 阿城:《棋王·树王·孩子王》,江苏凤凰文艺出版社,2016,第131页。

色彩，而赋予其非同寻常的惊人之力，却使形象瞬间生成了反差，彰显出人物精神的崇高。这种形象塑造，一方面冲击了"新时期"小说中常见的高大完美形象，带有新鲜意味；另一方面，这种形象描绘中似乎又涌动着一股不屈的内在力量，通过古拙的线条刻画，展现出人物的张力，使读者自发体会人物精神造型。

又如《棋王》中对王一生外形轮廓的描述，进一步深化了对生存困境的表现："衣裳晃来晃去，裤管儿前后荡着，像是没有屁股。"[1] 王一生的衣服和裤子仿佛两块布料没包裹肉体一般，得以猜想王一生瘦骨嶙峋、弱不胜衣的模样，不禁激起人阵阵心酸。寥寥十八个字，就将王一生饱经风霜的艰辛突显了出来，对人物形象的勾勒极为传神。

如胡河清所评价，阿城的小说具有"近于严谨的线描"，"特以骨力见胜"，[2] 以简明的线条勾画真实，在真实的展现中流露人物神韵。阿城通过简短的语言描述形象、动作，揭示人物的精神世界；通过凝练的语句叙述场景、环境，展现背景特征，达到以"形"传"神"的艺术效果，

1　阿城：《棋王·树王·孩子王》，江苏凤凰文艺出版社，2016，第35页。
2　胡河清：《论阿城、莫言对人格美的追求与东方文化传统》，载《当代文艺思潮》，1987年第5期。

不施精雕细刻或层层渲染,以特征和情态让神韵自然流露。诸如此类的笔法在阿城的小说中比比皆是。在阿城的文字中,我们能切实感受到"有真意,去粉饰,少做作,勿卖弄"。

无画处成妙境

"艺术常是由减法造成的,所谓二减一等于三。"[1]不同于铺陈杂设所营造的浓烈绚烂,冲淡式的静穆更能产生稳健而雄厚的力量,如中国诗歌中"言有尽而意无穷"的悠远、水墨画中"无画处成妙境"的内蕴丰盈。然而,无论是诗歌还是绘画,这种减法式的构造之所以能展现出深远境界,主要依托于留存的空白激活意义转化的新空间。阅读中,读者对文本的理解需要一个过程,接受文本并产生反应后,再重新组合,填补字、词、句之间的意义空白,由此读者与文本间取得交流。交流中,读者已有的生活经验、心理情绪、认知体系等因素会渗透到文本的理解框架中。正因此,一千个读者心中,才会有一千个哈姆雷特,尽管各异的阐释多有排他性,但无可否认,读者的阐释本就具有不受裁决的自由,作品的

---

1 阿城:《文化不是味精》,江苏凤凰文艺出版社,2016,第92页。

可评性和可挖掘的审美空间,也由此显现。

不同于线描在最真实的刻画中生长出丰富的话语内涵,留白结构更在于强调作者未刻画处蕴含的无限想象空间。作为中国艺术创作的传统手法,"留白"意指书画中因章法布局和画面视角而对空白进行的协调处理,能让观者留有想象空间。这种计白当黑、妙在无处的做法,不仅运用在书画领域,更延伸渗透至摄影、戏剧、电影、文学等诸多艺术领域,形成中国艺术独特的表现形式。以文学为例,从诗词创作到现代小说,留白笔法意在通过"有"和"无"、"虚"和"实"的互为作用形成言外之意,象外之象,如明末王夫之所说"墨气所射,四表无穷,无字处皆其意也",[1] 又如南宋严羽所讲"空中之音,相中之色,水中之月,镜中之象,言有尽而意无穷"。[2]

阿城在传统书画长久的浸染中,感受到"留白"结构与小说融贯的审美意义,并由直观感受上升到理性运用,所以苏丁、仲呈祥才有评价:"阿城的艺术世界深处蛰伏着的寂寞和虚静,正与中国古典诗歌中的空静、中

---

[1] 王夫之:《薑斋诗话笺注》,人民文学出版社,1981,第138页。
[2] 郭绍虞主编《中国历代文论选(一卷本)》,上海古籍出版社,1979,第209页。

国画中的空白异曲而同工。"[1]

阿城对绘画作品的留白布局带有天生的敏感。接受《经典》杂志的采访时阿城谈到:"欧洲文艺复兴时期的素描的密度,和宋元明清的水墨画对密度的处理,原则是一致的。九十年代耶鲁大学有过一次八大山人的回顾展,画幅当中的对密度的处理,惊人地好。"[2]文论中,阿城多次谈及的"密度"实则是线条、颗粒在布局中所营造的视觉感受,它所传递出的不仅是图像的比例,更可传达出创作者的心境。"在中国的风景画中,这无限的空间是在画面之内表现出来的,它是视线瞄准的目标,但眼睛却看不到它……"。[3]画家常以留白结构舒展广阔而浩瀚的韵味,以求此处无物胜有物的意境。宋代马远的《寒江独钓图》是代表。仅仅占用十分之一的面积构画出一个人和一叶扁舟,微弱的水波纹理交杂着大面积的空白,拉伸出无边的空旷,突显画家内心的孤独寂寥。诸如此类还有元代赵雍的《澄江寒月图》、佚名的《荷塘浴凫图》等。

---

1 苏丁、仲呈祥:《论阿城的美学追求》,载《文学评论》,1985年第6期。
2 阿城:《脱腔》,江苏凤凰文艺出版社,2016,第328页。
3 【美】鲁道夫·阿恩海姆著,滕守尧、朱疆源译:《艺术与视知觉》,中国社会科学出版社,1984,第403页。

阿城对密度和空白的掌控映射到文学创作中，便形成了孔子所说的"书不尽言，言不尽意"的表达方式。所以李劼评价，"他的小说无物言之，却无不言之，使读者的阅读产生连续不断的想象。这种叙述方式的叙述魅力不在于故事结构和叙事结构的丰富多变上，而在于叙述语言在小说画面上所留下的疏密程度和修辞弹性上。"[1] 王国维在《人间词话》中强调，"无言外之意，弦外之响，终不能与于天下第一流之作者也"，而阿城以看似惜墨如金的态度和简白的描述，蕴含着丰厚悠远的审美意境和文化韵味，形成中国画的"意之所随"，让有限的文字承载起无尽的绵绵深意，确是可谓一流作者。

黄章晋说，"阿城的文字在我读过的中国作家中文字最为俭省、凝练，我认为克制是一种了不起的境界。"[2] 这种语言的克制正是源自留白的运用，运用有限而节制的语言，为读者留出想象空间，于无象、无迹中生发无尽。

以《棋王》为例，倪斌与王一生初次见面时，倪斌问询：

"乃父也是棋道里的人么？"

---

[1] 李劼：《论中国当代新潮小说的语言结构》，载《文学评论》，1988 年第 5 期。
[2] 马东：《与阿城有关的日子》，载《读者》，2017 年第 20 期。

王一生很快地摇头，刚要说什么，但只是喘了一口气。

　　阿城以叙述者"我"的视角表现出王一生的动作反应，对其心理变化的描写却留有空白，使读者在留白中体味深意。那口气或许表现着王一生家境贫寒、不足与倪斌家庭相提并论的尴尬，或许勾起他心酸童年苦涩的回忆，或是想要谈及自己的家庭却发现并无必要的失落，多种复杂而变换的情感和心态都表达于这一口喘气。

　　再如，倪斌与王一生在农场赛棋结束，众人纷纷散去之后，王一生望着倪斌渐渐走远的身影，叹了一口气，说"倪斌是个好人"。看似轻描淡写的一声叹息和一句感叹，却为读者留下了巨大的揣摩空间。这句独白可理解为一句陈述，表现王一生对倪斌高超棋艺的认可，在穷乡僻壤的农场遇到技艺相当的对手，未免产生英雄惜英雄般的志同道合之感，展现了两人的情谊，为后文倪斌出手相助进行了铺垫。换一种角度，也可在这句话中感受到王一生感恩式的肯定。倪斌不仅拿出家传的乌木象棋，更贡献出巧克力、麦乳精、白挂面等珍贵的存货，对于从小家境贫寒的王一生而言，这或许是他从未接受过的真挚款待，因此表现出感动、感激的心境。这句独白也可被视为一句感叹，表现人在命运捉弄下无能为力的愁绪。无论是家庭出身、品德教养、棋艺学识，倪斌都比一众知青更为优越，然而即使如此，在时代和现实的强力下，他也只能够遵从组织安排来到农场进行劳作。年轻有为的大好青年被命运囚困于此，于是发出"是个好人，却也只能同样甘心于此"的感慨。如若将这一感慨影射到王一生、"我"，甚至更广大的知青群体，就会展现出更宏大的时代意义、更深刻的时代伤痛。

语言、动作的留白式描写，可深化人物形象、突显人物性格、丰富人物情感；而对心理活动的留白式描写，则起到深化思想、加强主题的作用。仍以《棋王》为例，当"我"给王一生讲述完《热爱生命》和《邦斯舅舅》两个故事，王一生给"我"讲了五奶奶的故事，阿城对"我"的心理描写是："我想笑但没笑出来，似乎明白了一些什么"。这种含糊而意有所指的留白，与后文"我"感叹生活烦闷，"隐隐有一种欲望在心里，说不清楚，但我大致觉出是关于活着的什么东西"的留白式叙述形成对照。透过意义不确定性的想象填充，故事在读者的思考中渐变丰富，甚至重建。直到结尾点明"衣食是本，自有人类，就是每日在忙这个。可囿在其中，终于还不太像人。倦意渐渐上来，就拥了幕布，沉沉睡去"。对于"我"心理活动的留白贯穿始终，在沉睡的静谧结局中，再次召唤读者返归"空白"，填补、思考未能明说的意韵。

"我"所明白的,正是小说想要倾诉而有意隐匿的深意:纵然王一生对于衣食充满渴求,然而,棋才是他的精神寄托。从战胜倪斌到赢了车轮大战,王一生在一盘盘棋局中找到了自身生存的价值和意义。而"我"虽然满足于衣食,但缺少了书、电影等精神食粮仍觉得内心一片空虚。通过故事的层层铺设,阿城在留白的叙事中,引领读者去感悟精神、内心、灵魂、价值才是人区别于动物,在这个世界上"生活"而非"生存"的意义。

详尽繁复而面面俱到的讲述固然可以抛给读者所有信息,却让读者缺少了独立思考和想象的空间,失了连绵悠远的韵味。阿城的小说中运用中国画中的留白结构,构建出虚实交映的想象空间,展现出"不著一字,尽得风流"的意境。

光影意象

达·芬奇论及明与暗、光与影时表示,"阴影是物体及其形状的表白。如果没有阴影,物体就不能将它的形状的品质传给知觉。"[1]在美术作品中,常以光刻画物象的

---

1 【意】列奥纳多·达·芬奇著,戴勉译:《芬奇论绘画》,人民美术出版社,1979,第93页。

立体感、空间感、质量或色彩,通过光的不同处理,营造不同的画面语言。由此及彼,小说中对事物的表现同样能以光为塑造条件,达到符合情境的刻画效果,以传达相应的意境。

绘制画作时,光变为一种美术语言,表现出多重功能,例如塑造物体形态、解构空间层次、体现色彩、突出主体、修饰平面等。意大利文艺复兴早期画家马萨乔在《出乐园》中,利用强烈的光线,斜射亚当和夏娃裸露的身体,以突显二人偷食禁果被逐出乐园的惊恐和痛苦。享誉世界之作《蒙娜·丽莎》中,达·芬奇便是用柔和渐变的明暗光线投射于蒙娜·丽莎的面颊,微妙的光影变化,为她蒙上一层神秘的面纱,以至于后人将它视为最莫测的传奇。

文字语言的表现方式不同于美术语言,无法达到图像所展现的直接效果。虽然两者在表现方式上不尽相同,但精神却是共通的:光作为一种媒介,承载着抒发创作主体情感、寄寓思想、营造气氛的作用。

用文字刻画光影,或显于明朗,或隐于某些洞幽细微的描述,且存着千差万别。晨光、夜光、正午的强光、艳阳或阴霾的光、日光或月光、灯光、烛光、火光、星光、荷塘里的平静反光、海面上的粼粼波光等,自古文人通过这些明暗各异的光,赋予作品丰富而微妙的意境。

床前明月光,是皎洁月光映照寂寥忧思;水光潋滟晴方好,是闪动波光引发柔美灵动的想象;足蒸暑土气,背灼炎天光,是烈日下是艰辛劳苦的悲悯。无论创作者或接受者,人们对于光的感知,无不源自真实的生命体验。光线将人们认知与情绪的经验牵连在一起,使艺术作品对接受者更具感染力,作品本身也更具表达的内在张力。本质而言,美术作品中的光或文学作品中的光都是艺术手段,将自然之光转化为精神之光。

关于阿城的小说,人们往往忽略了他所着意刻画的光,一方面缘于光线被其他更鲜明的意象所遮蔽,另一方面则是因为小说中的光,多为一种背景,在衬托、渲染情境的同时,蕴藏着作者最隐性的情感表达。光,不仅是心绪的载体,更是一种修养的深层体现。在阿城小说中,相比于"棋""吃""树""字典"等鲜明意象,"油灯""月光""太阳",这些司空见惯的存在则很容易被忽略。有意或无意间,光线似乎淡化为一种背景,自然融入故事情境,不引人注目,却成为隐性的情感表达工具。它不仅承担着衬托、渲染情境的功用,读者更可从中挖掘到许多隐喻的深意。

《棋王》《树王》《孩子王》中,最为常见的光线的表现介质便是月亮、太阳和油灯,将它们在三部作品中出现的总数进行一下统计:"月亮"共出现 20 次,"太阳"30

次,"油灯"21次。作为频繁出现的艺术表现手法,小说中这三种光首先起到表现情境、营造气氛、刻画人物的作用。

"月亮"是自古文人最为常用的意象之一,可以表现月白风清的怡然自得,也可以表现月黑风高的险恶阴暗,可以是夏目漱石"今晚月色真美"式的浪漫美好,也可以是"明月何时照我还"的忧思惆怅。然而,阿城的小说中时常赋予月光以冷寂之感,带有淡淡的悲凉。糅合情境与心境,他选择以一种青白的冷色调映照这黑暗中的世界,使人们在黑暗中冰冷的光亮下,感受苍凉的人生。

《棋王》中,王一生与倪斌第一次对弈结束后,当倪斌"高高的个子在青白的月光下远远去了"[1],王一生不禁望着月色下的身影叹息,说"倪斌是个好人"。青白的月光夺去了夜色中所有温暖的色调,也映射出那个时代中温暖、色彩的流失。独自远去的倪斌是孤寂的,所有的行走在时代洪流中的知青们也同样是孤寂的,对于命运的无能为力,对于生活的虚空无依,都在月色的冰冷中衬托出更为浓郁的苍凉意味。

---

1 阿城:《棋王·树王·孩子王》,江苏凤凰文艺出版社,2016,第34页。

《树王》中,阿城也多次以月光营造冰冷寂寥的气氛:

> 森森的林子似乎要压下来,月光下只觉得如同鬼魅。[1]

> 天更暗了,月亮不再黄,青白地照过来,一山的断树奇奇怪怪。[2]

> 月光仍旧很亮,我不由站在场上,四下望望。目力所及的山上,树都已翻倒,如同尸体,再没有初来时的神秘。[3]

他反复刻画月光下的森林,从郁郁森森的苍茫一片,变成丧失生机的断木,再变成漫山遍野翻倒的"尸体",月光冰冷的青白色调似乎昭示了它们注定悲凉的结局。砍伐树林何尝不是在扼杀生命,那些裸露的树桩,如同

---

1 阿城:《棋王・树王・孩子王》,江苏凤凰文艺出版社,2016,第63页。
2 阿城:《棋王・树王・孩子王》,江苏凤凰文艺出版社,2016,第85页。
3 阿城:《棋王・树王・孩子王》,江苏凤凰文艺出版社,2016,第90页。

凄惨的白骨，弥漫死亡的气息。阿城通过青白月光渲染出一种冰冷、压抑、肃穆的氛围，表达对破坏森林的反思，同时带出悲凉凄怆之感。

不止月光，阿城也常以"太阳""油灯"营造氛围，刻画人物。例如《棋王》中王一生与倪斌在农场第一次对弈的情节，便是在油灯微弱而幽隐的光线中徐徐展开。一盏油灯，映照出布满四壁的人影，"油灯下，王一生抱着双膝，锁骨后陷下两个深窝，盯着油灯"，有几个人离开就把油灯带得一明一暗。通过光影的勾画，可以感受到这场对弈并非激烈嘈杂，而是透着和睦而宁静的氛围，人们静观默察，时而跳动的光影增添了些许轻快、舒缓。油灯的光影，更突出了王一生立体、深邃的气息。此外，通过油灯，我们可以想象知青生活环境的艰困，唯有微小的油灯才能在黑夜中带来熹微的光亮，人走动带来的风甚至就能带动灯火的光影，可以想象，知青们的生活所在只是狭小而局促的一方空间。

再看《孩子王》，文中多次着意描写，在太阳的映照下，教室前那片空场或晃眼或亮堂堂，带着明媚而喜悦的色彩。明艳的阳光似乎照亮了灰暗的人生，不仅为孩子们，也为"我"的生活带来一份光明和希望。

光，是一种艺术表现方式，也是一种思想表达介质，某些情况下，它还蕴藏了作者隐含的深意。

例如《棋王》中那场动人心魄的九人车轮大战。当王一生历经重重挑战，"高高的一盏灯光，暗暗地照在他脸上，眼睛深陷进去，黑黑的似俯视大千世界，茫茫宇宙。"[1]阿城如同为王一生造了一束人生舞台上的追光，以这束光模糊了背后无边无尽的黑暗，突显出他精神的光亮。光影下深陷的双眼，显现出这场比赛的紧张、沉重、意义重大以及这瘦小黑魂孤军奋战的坚毅。大千世界、茫茫宇宙，他仿佛已将一切置之度外。这束光带领我们随之思考生命存活的价值。如同王一生所执着的，每个人都在各自的追求中营造出自身的意义，或许孤独，却可照亮生命，彰显出一种极高的精神境界。

而《孩子王》的结尾处，"阳光暴烈起来。望一望初三班的教舍，门内黑黑的，想，先回队上去吧，便顶了太阳离开学校。"[2]此处，教室外的阳光与教室内的黑暗形成鲜明对比，光亮有多耀眼，背后的阴影就有多沉重。暴烈的阳光在此富有多重含义，可以解读为管理者对教育的强烈管制，孩子们被困在教舍的黑暗里，只能接受符合要求的教育，"我"作为不合要求的教育者，只能顶

---

1 阿城：《棋王·树王·孩子王》，江苏凤凰文艺出版社，2016，第53页。
2 阿城：《棋王·树王·孩子王》，江苏凤凰文艺出版社，2016，第165页。

着烈日离开。另外,可以将阳光解读为"我"所遵循的价值和原则,代表"我"心中的希望。纵然上级的要求如同屋内的黑暗,但在宽广的天地间,依旧可以拥有我所选择的光。用光明的希望反衬黑暗的绝望,不仅彰显对古板、僵化教育模式的讽刺,更表达一种热忱的、灼烈的自我坚持,最终指向整个文本的精神所在——"不合作"的态度。

凭着对感情和情境的精准捕捉,阿城以具象的光影,表达抽象的情思,将深沉幽微的精神实质隐藏其间,在明与暗的交界处,审度人物与故事的精神内涵,同时审视自己的内心。

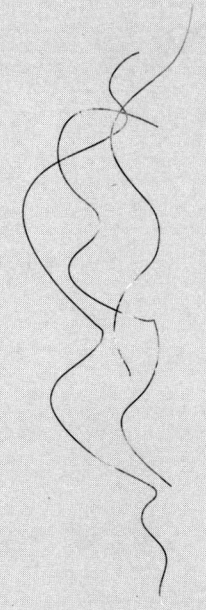

小说与音乐

音乐发烧友

在中国古代文学创作的历史长河中，《诗经·国风》大部分取自民间歌谣，《楚辞》部分作品亦是基于民歌的改编，至于被悠久传颂的文学瑰宝唐诗、宋词、元曲，更是词曲融合的美妙表达。文学与音乐，各有所长，又交互借鉴，汲取营养。不仅中国传统如此，欧美亦同。巴赫金以音乐复调理论为灵感，创造了复调小说理论；贝多芬读着歌德与席勒，创作了几曲乐章；文学多声部的叙述方法，可形成近似交响乐的艺术效果；浪漫主义时期的音乐，更是以文学为灵感源泉。当《浮士德》《麦克白》《佩利亚斯和梅丽桑德》等名著，纷纷被演绎为风格迥异的乐章，文学与音乐的想象维度随之开拓，被充填以神采。不得不承认，虽然文学是文字语言，音乐是声音语言，二者看似是截然不同的范畴，但在某些方面，却有着融汇相通之处。

阿城是一位艺术鉴赏家，他擅用文字，同样精于音乐，这就导致他在文学创作中，不可避免地流露出与音乐同质的审美倾向，以至于他的小说总能读出一种音乐的质感。单纯将节奏、旋律等结构形式搬照到文学语言，未免有点指驴说骡子——牵强得很，但是，若综合阿城与音乐相关的大量论述，便能了解，他对音乐很有一套自己的看法，而这些看法，必然与他整个审美观念和追求有着紧密的关联。"音乐性"发挥着或隐性或显性的作用，使得阿城的小说格外"好听"。

阿城除小说外的创作很多，访谈、杂文中，谈及音乐的文字可信手拈来。《常识与通识》中，他以勋伯格、格拉斯、霍洛维兹、海菲茨、鲁宾斯坦、梅纽因、史坦因、帕尔曼、祖克曼、阿谢肯纳兹等音乐巨头的故事，散漫讲开。《闲话闲说》中，他溯源《教坊记》中的音乐大多是当时外来的清乐，探讨唐代大量诗歌的出现是由于新的音乐流入；至于《太平广记》中的残篇《伍子胥》，他竟从中察觉出很像京韵大鼓的节奏变化。《威尼斯日记》《文化不是味精》《脱腔》中更有大量音乐相关的笔墨。暂且不论其他，单单凭"音乐"一词在他作品中极高的出现频率，便可想而知阿城对音乐的兴趣。

阿城曾说，真正伟大的小说家，都是若隐若现的音乐家。在《威尼斯日记》中他曾坦言："我是歌剧迷，一听歌剧,就丧失理智"。[1]在《昨天今天或今天昨天》一文中,他谈到认识诗人叶三午的缘由,"我自识为喜好音乐者,朋友带我去交结一个爱好音乐的人。"[2]而他那段时期在听京韵大鼓,小彩舞的《丑末寅初》。据他人回忆,七十年代初,阿城在云南插队时便带领众知青一同欣赏音乐,"听阿城用老式唱机播放贝多芬的《F大调浪漫曲》《D大调小提琴协奏曲》和柴可夫斯基的《悲怆》《胡桃夹子》。"[3]

阿城儿时,约是6岁,便学了小提琴,后在上山下乡时伤了手,便弃了。后来他又对尺八、古琴生出了兴致,虽不弹练,却也收藏了不少。他是音乐发烧友,有收藏、购买唱片的习惯。1986年中国国际广播电台的一篇报道就夹藏了有关阿城的一条趣闻:当时报道的是当年1月在北京王府井外文书店的一场展销会,展销的是西方古典音乐录音制品。按照当时的物价,1000元是笔不小的支出,所以报道中竟有些突兀地记录下"青年作家钟阿城把刚获得的1000多元稿费全部购买了严肃音乐

---

[1] 阿城:《闲话闲说:中国世俗与中国小说》,江苏凤凰文艺出版社,2016,第11页。
[2] 阿城:《文化不是味精》,江苏凤凰文艺出版社,2016,第321页。
[3] 姜樑:《有一个美丽的地方》,上海人民出版社,2013,第58页。

制品。"[1]这名副其实应是当时的"月光族"吧。这是购买进口货的难得时机,却也表现出阿城对古典音乐热烈而痴迷的爱。同时,他更是一名音响发烧友,如他在回忆中写到的,一九七五年或是一九七六年,留在云南的阿城竟决定建立一套音响,只为了听BBC音乐会的实况转播。云南艰苦的条件,无疑让此事极具难度。但也是由此,他对音响的结构、性能有了深刻而细致的了解,对音乐的欣赏也更为细腻。

于是,我们便也可以轻易理解,他的音乐素养是多年的经验和体验炼化的。同如他庞杂的知识体系,阿城在音乐方面的涉猎和汲取同样纷杂众多——从现代音乐到古典音乐,从欧美音乐到中国传统音乐,从歌剧到交响乐,在各具特色的音乐形式中,阿城沉浸陶醉于音符的交织组合,生发出自己的音乐观,久而久之酿就了一番独家解读。如他在荆州地区听到当地人的民歌,发现"她们起的调,音高,旋律中的音程,初觉有点涩;后来湖北出土了曾侯乙的编钟,听到它的音响,忽然就明白了,原来楚地百姓很严格地保持着两千年前的楚国音程。"[2]他同时思

---

1 中国国际广播电台总编室编《中国国际广播优秀作品选(1986—1987)》,中国国际广播出版社,1988,第281页。
2 阿城:《文化不是味精》,江苏凤凰文艺出版社,2016,第21页。

考,《九歌》的音程或许便是由此而来的咏叹。能将荆州的民歌与曾侯乙编钟的音响贯通,由此追寻至两千年前楚国的音程,阿城之深,不可测。

关于音乐的鉴赏方面,相比于音乐的创作技巧、艺术价值,阿城似乎更为注重情感表达。法国作曲家卡米尔·圣-桑曾说:"在言辞穷尽的时候便有了音乐,音乐能够说出那种无法说出的东西,它促使我们在自己内心中去寻找前所未知的深处;它能表达任何语言都无法表达的情绪和心态。"[1] 阿城显然通晓,音乐的最为可贵之处,是超越其他任何艺术形式的情绪表达,包括文学。如他所说,音乐最重要的是音乐本身需触动人心,产生"圣人心动"之感。这一观点,在《谈音乐》一文中得以最清晰的表述:"以逻辑论,音乐几乎是数学、音高、音程、和声、调性、节奏乃至音色(配器)无一不在严密的逻辑之中。逻辑愈严密,我们能称之为"懂"的部分似乎愈丰富与细致。但对我来说,最需要摆脱的恰恰是以上所说,因为音乐最终只是引起情绪而已。"[2] 音乐如同人的生命,是本无意义的,亦不需要任何具有哲学意味的阐释。"于是,每一种音色的出现,不同节奏的变

---

[1] 吴璇编《中外音乐欣赏》,中国戏剧出版社,2007,第2页。
[2] 阿城:《文化不是味精》,江苏凤凰文艺出版社,2016,第292页。

换,响度的对比,和声的新鲜刺激力,都引起了我新鲜而合理的反应。我追忆了全部作品所引起的我的情绪,想,贝尔格是否太理性了?斯特拉文斯基是否情绪有些泛滥?而潘德莱斯基是否又太偏爱非经验的音色?"[1] 基于这种音乐性审美标准,阿城的语言极注重如音乐般的节奏变换、响度对比、和声刺激等效果,使读者在声音变幻中体验由此引发的情绪,继而获得享受的美感,是对音乐的体验感、带入感、情感表达、情绪抒发的美学价值选择。这种美学标准和价值选择在他的小说创作中表现为鲜明的节奏感、旋律感,造就了独特的艺术品质。

结构的"旋律性"

刘索拉曾在访谈中感谢阿城:"他送给我那套《古今奇观》,并提醒我这些故事中的音乐性。因为这些故事都是讲故事的人讲出来的,而不是作家写出来的,他们在讲故事的时候肯定是声腔起伏,所以才有那么多的诗词穿插。"[2] 我们自古所称"读书人",却不是"看书人",也

---

1 王西麟:《现代音乐欣赏指南》,人民音乐出版社,2005,第178页。
2 王次炤主编《中央音乐学院作曲77级》,中国音乐学院出版社,2007,第58页。

是缘由于此,因为书是要读出声来的。对于"读"书,阿城自有一套理论:早些时候,普通人家没那么多可以考取功名的人,考功名需要时间,自是没闲暇挣取生计,于是家长在一众晚辈间挑个擅长学问的,财力物力供着。既然被"供养"着,自然要做好本分,于是作为被监督的方式,看书人将所看的文章大声念出,家里人听了才能心安,知道他确是用着功。如今,我们读书自是没了这层顾虑,但"读"的传统却作为验证韵律的方式流传下来。好的文章多是好听的,阿城深谙于此,所以他强烈推介意大利的卡尔维诺,原因是"译本不错,意大利原文还有音韵之美,是可以朗读的"。[1]而在阿城笔下,他自己写出的字词章句也是要读出来好听的。

文章如何能好听?需是讲求声律与声调的组合、句式的选择,使之连绵形成类似音乐旋律般的语感,随之形成一种音乐性的美感。作为听众,感受音乐之美在于音符间组合生成的旋律,横移至小说,读者在文字语音的穿插间也可有相同体会。

凡事引史为据都更可信。往回看,中国作为"诗文之邦",几千年来,诗与歌就像筋骨般互不离割。诗歌包含"音乐",或者可理解为,诗歌中诗与乐的关系即文与

---

[1] 阿城:《文化不是味精》,江苏凤凰文艺出版社,2016,第24页。

乐的关系。从我国古代第一部诗歌总集《诗经》始,就确立了诗文随乐而唱的表达方式,由内容划分为《风》《雅》《颂》三部分:《风》是周代各地的民间歌谣;《雅》为周人的正声雅乐;《颂》乃贵族宗庙祭祀所奏的乐歌。所以《史记》记载"三百零五篇,孔子皆弦歌之"[1]。到了《楚辞》,创立了"骚体",依旧是《诗经》乐歌传统的延续。《楚辞》里的诗文都是据楚国地方特色的乐调而作的,最著名的《九歌》,也是一组文、乐、舞合构而成的祭歌。《九歌》共十一首,除《礼魂》外,都需要扮演的主巫或群巫演唱。伴着或雄壮或幽远的旋律,巫师叹唱出人们的心声,祭拜神灵祖先,仿若一场充斥着强烈地域性、宗教性、抒情性的人类歌舞仪式。可以说,《诗经》开启了文乐共体的先河,而《楚辞》则巩固了这一传统。后来的唐诗、宋词、元曲都沿袭了以"乐"入"诗"的做法。

诗词讲求格律,语音的声律、字句的整齐、形式的对仗,不仅表露出诗人的文学造诣,更被升华至艺术境界的要求。明代诗论家谢榛在《四溟诗话》有言:"凡作近体,诵要好,听要好,观要好,讲要好。诵之行云流水,

---

[1] 司马迁著,陶新华译《史记全译》(第3卷),线装书局,2016,第499页。

听之金声玉振"[1]，便是将音乐性作为衡量诗歌的重要美学标准。清代刘大櫆在文论《论文偶记》中也有申张："积字成句，积句成章，积章成篇，合而读之，音节见矣，歌而咏之，神气出矣"，[2]认为诗文能达到音乐的和谐声律，才能真正展现神韵。在既往的诗词书写中，无不追求着行文间音的回环，营造音乐性的美感。阿城的文字，亦是承续了这种诗词的音乐性韵律。以下不妨试予分析一二。

音乐性是阿城小说语言的特性之一。在选词凿句上，他擅用声韵、字句整齐的结构和字词的重复，并选取大量叠音（包括叠字、叠词、拟声词）、韵律和谐的短句和简朴无华的歌谣，无一不丰富着小说语言的音乐性美感。固然，寻常诗歌也有对节奏的关注，但基于阿城对语言节奏有着非同寻常的把握和诸多表现形式，节奏相关内容便再单起一篇单独论述，以表重视。

阿城小说语言中最能体现其韵律性的方式之一便是字词的重复。旋律重复是音乐中常见的一种表达方式，如副歌部分，以旋律的重复推进时间，递增情绪。阿城

---

[1] 王振复：《中国美学重要文本提要》，四川人民出版社，2003，第43—44页。

[2] 孙克强编《中国历代分体文论选（下）》，北京交通大学出版社，2006，第546页。

同样惯用重复叙事的手法,以重复的语言、重复的形式,形成近似于诗歌中重章叠句式的复沓结构,就像围绕同一旋律的反复咏唱,无论修辞效果还是意义表达效果,都愈发浓厚,不同的重复形式起到了不同的作用。

阿城最常用的一种重复形式是:以词句的重复,形成句与句、或段与段的衔接。典型的例子如短篇《旧书》[1],开篇讲述吴庆祥当学徒的古书铺子买卖难做,卖些零碎"进进出出,总是个买卖"。下段开始,以"进进出出的,各种人都有",引出吴庆祥学着识人待人,还要学书。纵观全文,"进进出出"式的重复遍地可寻,如:

> 吴庆祥染上了梅毒,找人治了,治好了。治好了,再去嫖妓。

> 白天伺候着卖书,留心着卖书的学问,送书,天晚了,上板。上完板,朝东溜达,找熟的,老价钱的。

> 百思不得其解,百思不得其解。店员们凡提起吴庆祥,还是摇头,百思不得其解。

---

1 阿城:《遍地风流》,江苏凤凰文艺出版社,2016,第70—72页。

这种重复的形式如绳线间的锁扣,将故事片段承连接续,连缀成篇。不仅形成连贯顺畅的韵律,更对故事起到推进性的作用。《旧书》中还有一段描述:

> 印在脑子里的东西,慢慢才明白。不明白的,也许要很久,也许突然有个什么机会,一下子就明白了。明白得越多,也就越容易明白。

阿城通过看似反复的絮说,直白通俗地展现出"书读百遍、其义自见"的道理。在"明白"与"不明白"的多次连接、转换间,重复律动,形成如音乐般流淌的、回环往复的旋律感。

另一种常见的重复形式为"XX说",以接连的对白甚至完全的对白构造成篇,其间不插入任何叙述。这种重复形式的使用最为典型的是短篇《仇恨》。

《仇恨》中,"老张说""老李说"的交替对白是整个小说的主要内容,对白的内容也便成了故事的主体,如果抛离对白,小说便也不复存在。小说开篇以一小段极为简短的文字为我们介绍了两人对话的缘由:老张不同意自己和老李从小就是朋友这一说法,于是二人由多年的情谊展开了急赤白脸的论证,又因为陈年旧情里肯定有些陈芝麻烂谷子,引老李吐了对老张多年的"仇恨",

当真是一出爱恨交加的复杂友谊。基于两人的激昂情绪，全篇以对白无缝连接，就像音乐中的快板，紧凑而急促，一路畅通，加快了叙述速度。阿城以仿佛不假思索的脱口而出，表现了张、李二人关系的紧张感，两个陈年老友的矛盾逐层被放大、强化，使读者的情绪随之得到宣泄。

在短篇《噩梦》中，阿城同样使用了大篇幅"XX说"的重复形式。不同于《仇恨》的是，《噩梦》全篇由平白的叙述和"小贺说""老俞说"的交替对白共同构成。前半篇幅中，阿城清淡勾画出老俞时常不分场合、时间、地点匪夷所思的笑，舒缓的讲述漫漫透着几分滑稽。但随着故事推进，阿城才渐渐为我们揭开老俞爱笑的缘由——革命年代的惨痛噩梦，只有强颜欢笑才能缓解，久而久之却留下了毛病。后半部分揭露缘由的篇幅，选择以"小贺说""老俞说"的重复形式，正是有意加速叙事，让人物的内心情感加速释放，以激荡起更激烈的旋律，噩梦的痛与伤直面冲来。

依旧是采用重复形式，《湖底》却是另具特色的一篇。阿城选择以"都"字作为单句的状语，形成字句的重复形式，贯穿全文。小说中，"都"字重复出现46次（不包含在单句中间使用的情况），以单句形式穿插于整句或段落中。虽然是单一的复沓结构，但通过变化的用词，在全文意义上形成一个整体,也是前后贯通,形成映照。犹如音乐结构中"重复是音乐的最基本也是非常重要的旋律发展手法之一"[1],阿城以"都"字的语音重复塑造出一种音乐性的回环律动,同时起到烘托情绪、营造氛围的作用。在贝多芬《失恋者的悲叹》的旋律中,短小紧促的附点节奏型的反复,将作者想要结婚的迫切心情表达出来,与下一句宽放节奏的旋律形成强烈的对比。《湖底》中反复出现的"都"便如同乐曲中短小紧促的附点节奏,随着一次次的呈现,激荡起一种紧张感,应和着开篇所描述的后半夜令人无法忍受的寒冷之感。

再说说叠音。叠音的使用是汉语最能表现音乐性的方式之一,早在《诗经》,古人就善用叠字,如"伐木丁丁,鸟鸣嘤嘤"(《诗经·伐木》),以"丁丁"形容伐木的声响,以"嘤嘤"形容鸟的鸣啼,使诗歌在演唱或吟咏时产生舒缓悠扬之美。阿城的文字中也常用此类拟声的叠音词。如《溜索》中写道"汉子们咦咦喂喂地吼起来""牛们都哀哀地叫着""铃铛朗朗响着";另有诸多叠字的形容词,如"怒江自西北天际亮亮而来,深远似涓涓细流,隐隐喧声腾上来,着一派森气""亲亲热热

---

[1] 谢秋菊:《贝多芬艺术歌曲研究》,西安交通大学出版社,2017,第35页。

跺几下""阳物酥酥的""眼珠涩涩的"。叠音不仅生动且传神地表现出事物的形象，增赋一种真实感、生动性、感染性，更在声调上形成循环往复的效果，使语言音律和谐，读来朗朗上口，听之声声悦耳，韵味悠扬的音乐美感自然流淌。

除了重复与叠音，阿城似是有意承袭古典诗歌韵律，在句式结构中构建了大量行文对仗的语句，不仅看上去如诗歌般工整均衡，读来亦朗朗上口。如短篇《江湖》中的一句：

> 方言土语，黑白两道，天有不测风云，地有江河沟壑，都要懂，都要会，都得得到照应。

以"方言土语"对"黑白两道"，以"天有不测风云"对"地有江河沟壑"，字数相同，语义相映，形成整齐的对仗，然后以"都要懂，都要会，都得得到照应"的字音重复得到一种同为对仗、更为渐进的加强效果，使得不同语句在语音上产生相等的节奏，由此达到声律的同一。

阿城对音韵的注重不仅在其小说的语言中清晰可见，在其小说所表露的思想中亦有脉可循。《结婚》中，老林是音韵专业出身，对同志大刘"禽"字当头的言语，老林总结为"大刘龛人,主要是表达情绪时,发音的需要,比如重音啦,节奏啦,并不表示实际的动作。"而老林之所以被划为"右派",也是因为他提出"毛主席他老人家的诗有不合音韵的地方"。阿城借由老林之口,明显带出自己对于音韵的想法。正如他写作时对字词的选择,必会考虑语音效果。

最为典型的音韵表现,在《故宫散韵》一篇。文中阿城彻底颠覆此前惯用的凝练的短句,实验性地以冗长连绵的长句构建全篇。正如标题所定性的散韵文体,《故宫散韵》全篇追求一种韵律和谐的效果。例如第一段中的句尾字"嚏""衣",以 i 形成叠韵;第二段中的句尾字"里""立""雨""去""雨""击",以 i、i、ü、ü、ü、i 形成叠韵;第三段的句尾字"中""宫""东",均以 ong 形成叠韵等。

总而言之,阿城在小说的整体语言风格上,始终追求着音乐般的律动,他以重复形式营造反复咏唱的回环,以传神的叠音叠韵增添悠扬的韵味,以对仗的结构映照和谐的声律,由此构建出如诗歌般的旋律之美。

可读出的节奏

在音乐中,节奏是指音乐运动中音的长短和强弱组合成的规律模式，它的功能类似音乐的脉搏，不仅限于声音层面，更激荡着情感的运动，那些舒缓的、紧张的、激昂的、忧伤的情绪，在节奏的推动下逐层递进般地敲打着聆听者的心灵，给予感官最直接而强烈的刺激，以达"圣人心动"的境地。

在小说中，同样，在小说中，文字的节奏和音乐性亦可起到唤醒、推助情绪的作用。按理说，节奏本该属于旋律的构成元素，但相对于前文分析的旋律性，阿城对小说的语言节奏更有非同寻常的把握和诸多方面的表现，因此在此单独、也是更全面地进行讨论。

中国古典文学向来有注重语言节奏的传统。无论是《诗经》的四言，还是《楚辞》的多重节奏分划，亦或后期诗词体例的演变发展，节奏不仅是文学创作、鉴赏的一种标准，更承续出一套古典的美学追求。由于古代的文学语言需人们口口相传，因而极注重语言的节奏，朗朗而诵之时便产生律动的美感。像郭沫若所说："节奏之于诗，是她的外形，也是她的生命。"[1]反观现代小说，语言中的音乐感逐渐淡化，剥离了诗词中文与乐的密切关联，节奏也愈发消淡，失了中国传统文学语言别具的

1　中国作家协会诗刊社编《中国新诗百年志（理论卷）》，中国工人出版社，2017，第57页。

风格。

虽然现代小说的书写，多是丢掉了"读"书的意识，但阿城以自身的传统文学积淀和对音乐的深彻体悟，在创作中不自觉地形成了独具特色的节奏模式和风格。在某次采访中，阿城曾笑谈自己的小说，并总结道，"这个人特别爱用四个字一组的。他的节奏总是在这儿，这是我事后去研究他的小说时得出这么一个特点。"[1]他与张大春的对谈中也谈及："汉语的基本节奏是四字，成语多是四字，《诗经》就是如此，也许经过外来的胡语，逐渐有明确的五言七言长短句。读我的小说，容易上节奏的当，因为会很快进入四字节奏，这时我用一、三、五、七等奇数插进偶数，节奏变化容易感觉出来。"[2]可见，阿城在创作初期并没有自觉意识，随着创作经验的积累，却自然生出了节奏感，同时以节奏织就了独具特色的音乐感。

如阿城自言，他的小说语言以四字节奏为基础定调，穿插以一、三、五、七字等奇数节奏，从而形成节奏变化，令短句碰撞出强烈的表现力。如短篇《峡谷》中描写路途境况，"愈来愈近，一到上坡，马慢下来"，以三个四字的短句，凝练表现出途中的路况，视角分明，动作紧

---

[1] 阿城：《谈谈我的创作》，载《香港文学》，1986年第4期。
[2] 阿城：《与张大春对谈》，载《联合文学》，1994年第4期。

凑，形成流畅的语言节奏。对于骑手的容貌描写，"结结实实一脸黑肉，直鼻紧嘴，细眼高颧，眉睫似漆"，依旧是三组接连的四字形容，加之随后的动作描写，"可拐着腿，左右一晃，竟进去了"，亦然秉持着相通的节奏。细观这一段的描述，无论是对场景变换、人物形象的细致刻画，还是人物的动作描写，阿城均选用接连的四字短句，它们并非成语，甚至像是将一个长句按照四字等分成连续的短句，并无深刻的语义功能。又如《溜索》中汉子们溜送牛的情形，"发一声喊，猛力一推，牛嘴咧开，叫不出声"，直到"牛倒垂着，升到对岸"。《雪山》的情境描写，"急急忙忙，犹犹豫豫，又走了许久，路明明还可分辨，一抬头，天却黑了，再看路，灰不可辨，吃了一惊。"类似四字短句在小说中数不胜数。这种造句方式最重要的作用，是形成了文章语音节奏的特点，于是"文字本身，而非内容本身，就有意义和美感了，或说才刺激了我们的美感"[1]，带来阅读时语音的起伏和情感的律动，阿城独特的音乐性语言节奏由此而出。

  细读阿城的语言可发现，标点符号是节奏感形成的另一重要元素。

  "标点符号在我的小说里主要不起语法作用，而是断

---

[1] 阿城：《阿城访谈》，载《香港文学》，1992年第1期。

开节奏。"[1]如阿城所言,我们在阅读小说的过程中,跟随他所标记的标点符号,进行语音上的断歇。在长短、止顿的变换中,带动情感的变化,使得小说整体形成一种紧凑而简洁的节奏。阿城常常将一个长句截分成数个短句,使得冗长的内容变得简明而清晰,读起来朗朗上口,更透露出文字组合排列的音乐性。如《雪山》中的一段:

> 于是摸到一株大树下,用脚蹚一蹚,将包放下。把烟与火柴摸出来,各抽出一支,正待点,想一想,先收起来。俯身将草拢来,择干的聚一小团,又去寻大些的枝,集来罩在上面。再将火柴取出,试一试,划下去。

这一连串的动作形容也可以写成:

> 于是摸到一株大树下,用脚蹚一蹚将包放下。把烟与火柴摸出来各抽出一支,正待点又想一想先收起来。俯身将草拢来择干的聚一小团,又去寻大些的枝集来罩在上面。再将火柴取出来,试一试划下去。

---

1 阿城:《与张大春对谈》,载《联合文学》,1994年第4期。

如果不加以文字的修改，仅将标点符号进行删减，其实整个段落的意思没有任何的改变，依旧可以明确地表述出所有动作和人物的思想动态，但是整个味道却变了。后者的节奏读起来难免平淡乏味，丢失了文字所显现的动感，以及张弛之间的呼吸感。

阿城笔下，除了通过字词的排序组合和标点符号的增减形成节奏，某些单字也可形成节奏——最典型的便是"说"。一般而言，"说"往往作为动词接在主语后，引出话语。然而阿城笔下，"说"时常任性独行，撇开主语不顾，成了一个单句。瞧瞧《大门》中的一段：

> 黎利多少有些得意，说，当然是很严肃地说，是的。
>
> 那个人说，那好，俺们那儿有四旧要破，毛主席的红卫兵你是不是带个头？
>
> 黎利说，可以，只要是四旧。
>
> 另一个人说，他也长着张农民的脸，说，当然是四旧，封建迷信，是个庙。
>
> 黎利说，庙当然是四旧，有和尚吗？

这一小段的叙述中，"说"作为动词，掺杂使用了两种结构方式，或接连在主语后，或另起炉灶，独立为整句的组成部分。可见,"说"的使用方式带有目的性,而标准,是对节奏的调整效果。倘若在不改变句意的情况下,只使用主谓结构,这段文字则改貌为:

> 黎利多少有些得意,但是很严肃地说,是的。
> 那个人说,那好,俺们那儿有四旧要破,毛主席的红卫兵你是不是带个头?
> 黎利说,可以,只要是四旧。
> 另一个也长着张农民的脸的人说,当然是四旧,封建迷信,是个庙。
> 黎利说,庙当然是四旧,有和尚吗?

按这种叙述方式,虽然每句意义不变,通读却诘屈聱牙,且失了原本词句间顿止、贯连所产生的节奏和味道。如"说"之类,阿城小说中同功能的用字还有"问""再""喊"等,以单字为句,调和冗长繁杂的长句,小说的节奏便随之显现出来。

如上所说,阿城小说中标点的使用,并非以语法作用为标准,目的是起到调整节奏的作用。在音乐系统中,除去音符,休止符同样有类似的句读作用,在调整节奏的同时,更能增强音乐的表现力,为长旋律线条增强趣味。同理,以休止手法修饰文章之辞,其情感表达和艺术效果亦是异曲同工。

无论音乐或小说,一路波涛汹涌的倾泻难免造成一种紧促,甚至压力。在连绵的乐章中,休止符的出现,则给人以喘息的空间,情绪随之起伏,时而生动活泼,时而又跳出一种惊愕。适时的停歇,能够更清晰地表现作曲家的意图,准确反映音乐思想,同时产生音停意不停的韵味。同理,小说中的休止手法,也具备反映思想、增强意蕴的作用。例如,阿城时常在小说的结尾选择戛然而止,当情节慢慢推进、娓娓道来之时,他却骤然停步,使情感、思想、哲理余音绕梁般令人回味,流露出大音声希的审美境界,小说的神采由此而出。

休止手法的运用在阿城的短篇中最为常见。突如其来的休止式结尾,总能带来意犹未尽的效果。以《专业》为例,开篇以极清晰的地理位置描述表现雁北的环境状况,随后介绍在雁北郑村插队的张、王、李、赵、林五个学生。五个意气风发的少年到农村接受"再教育",虽然衣食贫瘠,但五个人依旧保持着考"清华""北大"的壮志雄心,满口政治、经济等话题。一次在城里饭馆吃饭,五个人又因政治、经济话题而争论不休之时,跑堂的介绍说周边有个真正的北京大学的学生,于是五个人即刻前去寻人,终于在煤窑口找到了那个全身赤裸,"黑脖黑脸,一条黑线从脑后拴着黑眼睛"的北大毕业生。五人得知北大学生是毕业后被分配到这里挖煤的,于是便问他学的什么专业。故事结尾,"北大的正系鞋带儿,听问,说,我?专业对口,我读的是地球物理。"

短篇《专业》以北大学生回答的"地球物理"结尾,五个少年雄心勃勃寻找高人切磋的一腔激情在此戛然而止,更像被浇了一盆冰水。于此,突然的休止激起读者反思的涟漪,小说的深度和内涵也由此彰显。显而易见,休止手法的运用是阿城有意而为,他以北大学生淡然回答的一句话,冲击了五个少年所有伟大的、至高的、虚无的、理想主义的畅想。少年们心中那些宏大的论调,和北大学生粗陋的现实境况形成强烈反差,他们向往的"北大"不仅无关政治、经济这样的伟大专业,反而"黑脖黑脸",只有"屁眼儿倒是白的"。上升到社会价值层面,其间的反差表现的正是当时政治境况下青年人理想的破灭,社会现实的了无生机,更是"文化"生存土壤的贫瘠,甚至消亡殆尽。但凡我们了解地球物理专业,应知它本是通过定量的物理方法(如地震弹性波、地电、放射能等)研究地球物理构造及寻找内部矿藏资源的综合性学科,但故事中主人公却沦为只能做挖煤的脏苦活计,高低之间何止是巨大落差,更令人悲凉的是当事人不以为意的心。或许,生活的苦难早已磨平了棱角,人们可以接受一切。

这种休止式的结尾不仅应用于《专业》，还有《小玉》最后那嗡鸣震响了好久的琴弦，《小雀》结尾处反身离开的队长，《回忆》篇末"大李后来结婚了"的简单交代。在阿城的书写中，他几乎从不辩白自己的思考，更多的是以一种休止式的结尾令人产生意犹未尽的延伸，以此掌控节奏，左右读者的心绪，带来震撼人心的力量。

如阿城所言，四字短句奠定了他小说的基本节奏模式，辅助以标点符号、单字成句和休止手法的运用，最终形成了阿城小说别具一格的节奏风格。这种节奏风格使得阿城的小说更具可读性。

对位法与小说结构

阿城在给杜特莱的信中写道："我喜欢西方音乐，我记得，正是一边听着贝多芬的最后弦乐四重奏的某些乐章时，我突然领悟到我的一些随笔应该如何写。"[1] 如何更贴切地理解这些？我想大概可比喻为一个婴孩，他最终

---

[1] 【法】杜特莱著，刘阳译，《不可能存在的小说：阿城小说的写作技巧》，载《中国文化研究》，1994年第4期。

的样貌,既源于成长中耳濡目染的熏陶,又蕴含着父母有意的培养。而阿城小说的音乐性,便源于其多年音乐经验的借用,并带有创造时的刻意安排,发挥在小说的叙事结构方面,就体现出"对位法"的特质。

在阿城小说的叙事结构中,他有意在彼此独立而统一的多条穿插的线索间,形成对比,凸显反差,获得强化叙事的音乐性效果。这种取源于音乐的叙事结构称为"对位法",原为复调音乐创作的技法,以和声为理论基础,但并非纵向完全的统一,而要求有横向的对比和关系,"也就是不同的声音用各自的调子唱同一个题目,也就是能展现生活的丰富多样和人的感受的复杂多变"。[1]早在俄国陀思妥耶夫斯基的小说中,便有此种结构形式,"尽管各章内容调子不同,但彼此相互呼应,有着内在的统一性;它允许各种有机变调,但不允许机械割裂",[2]犹如音乐中同时鸣奏的多条旋律,彼此平行而相互对应,既各自独立又相互关联,形成不同声部间的和谐对话关系。

音乐创作中,对位法是复调音乐的技法,横移至小说,对位往往形成复调。巴赫金指出,"有着众多的各自

---

[1] 鲍昌主编《文学艺术新术语词典》,百花文艺出版社,1987,第223页。
[2] 金振邦编《文章技法辞典》,东北师范大学出版社,1991,第479页。

独立而不相融合的声音和意识,由具有充分价值的不同声音组成真正的复调"。[1]这清晰说明了复调结构的关键。如同音乐中的多声部,是两个或几个旋律的结合,阿城的小说多是在复调中进行对位法曲式般的书写。

无论读者或研究者,人们惯于将《棋王》中王一生的角色作为小说主导,这或许是源于阿城对王一生这一角色及其棋技的大篇幅描写,致使读者忽略了"我"的叙述视角。《棋王》固然是以王一生下棋为主线,但是当我们转换视角便可以发现,小说始终保持着"我"与王一生的同步叙述。这一点由季红真在《宇宙·自然·生命·人——阿城笔下的"故事"》一文中首次予以深入剖析。从开往农场的火车开始,"我"和王一生便共同推进着故事的发展,同时显现出两者精神的对位。"我"的视角无时无刻不观察着王一生的状态及周围环境的转变,继而引申出对生存意义的思考和探寻;与此同时,王一生始终侧重于对棋的痴迷和对吃的专注。小说中关于两个人的描写各成一线,共同前行却也彼此交织,表现出精神追求和物质追求两种截然相反的对立态度。

在火车上,"我"为王一生讲述杰克·伦敦的《热爱

---

[1] 【俄】巴赫金著,白春仁、顾亚铃译:《陀思妥耶夫斯基诗学问题》,河北教育出版社,1998,第4页。

生命》，王一生将这个故事理解为对饥饿的嘲笑，从中深感对食物的吝啬和珍惜，而我却将其理解为对生命的讲述。到农场后，"我"怀念王一生，而恰好王一生来农场看望"我"，在两人的交流中引申出各自的思想流脉，蔓延出各自独立而对位的关系："我"开始思考关于活着的什么东西，而王一生虽然在与倪斌的对战中深化表现其高超的棋艺，对生命的追求却始终表现在物质的生存层面。直到最后那场最具盛名的"车轮大战"，蕴含着王一生证明自我的意义，而"我"作为一个旁观着的主角，由王一生的棋战引发出对于生活、世界、宇宙的思考，最后得出"可囿在其中，终于还不太像人"的感悟。就中心主题而言，"我"和王一生作为同等重要的主角，虽然各自构画出不同的心路历程，但共同推进着故事的发展，在二者的交相呼应中，表现出精神追求和物质追求的对位。

不同于《棋王》的双线对位，《树王》中的"我"、肖疙瘩、李立形成了三种不同层次的价值对位，相互关联映照，展现出由知青砍树所衍生的生命思考。

故事开篇，知青们响应国家号召来到农村接受贫下中农再教育，破旧开新搞建设，砍树成了首要任务。"我"的视角展现出农村生活的贫苦和一众知青的建设激情，作为"树王"的肖疙瘩则表现出对于树木的爱护，并对砍树为前提的建设发出质疑。于此，故事开始碰撞出矛盾，激荡着"砍树"和"保树"的两种对位声音相互缠绕。随着李立表现出对于砍伐巨树的执着，肖疙瘩表现得更为强硬，甚至试图以生命保护大树，然而终究无能为力。随着巨树的倒塌，肖疙瘩的精神随之散灭，无望地死去。这一过程中，由"我"所目睹的知青砍树和肖疙瘩保树，引发出"我"对于生命的思考，最终，一种久违的良知从内心生发出来。小说中，肖疙瘩所指向的是对自然的守护、对原本道德观念的坚持；与之相反，李立所指向的是体制意识形态下固化的思想，是对原本道德观念的完全消解；"我"则居于肖、李两者之间，在特定环境中不断反思现实，又在思考中推进道德的复归。三种对位的声音和意识相互呼应并互相融合，共同构成了小说的对位曲式，显现出现实人生的多面性和同一环境中不同人的复杂性。阿城通过对位法的运用，不仅丰富了小说的"音乐性"，更加强了故事的气势和人物的独立性，造成相交呼应、此起彼落的效果。

从对位法创作技巧的角度看《遍地风流》则可发现，这部由诸多短篇共同构成的系列作品，实则共唱着同一曲调，只不过每个短篇展现的内容看似相异，却蕴含着对立、并列及相互的影响。

《遍地风流》（江苏凤凰文艺出版社版本）分为四个部分。第一部分"遍地风流"中的五个短篇是散文式小说，侧重情境的描写。而"彼时正年轻"和"杂色"部分的小说，以及"其他"中的部分篇目，则为阿城知青时期的闲笔，故事多发生于"文化大革命"或知青上山下乡的历史背景下，或与之相关。阿城以自身十余年的经历和感受为源，放眼于各式小人物，通过一个个平凡的故事、琐碎的细节拼凑出那段岁月的真实图景，书写时代的伤痛和扭曲。从整体上审看这一短篇系列，阿城对时代伤痛和扭曲的书写具化到人物身上，可大体划分为三类：

一类是拥有政治话语权的红卫兵、执权人士。从他们身上多能感受到时代对人心的扭曲，他们无形中变身为政治权力的代言人，继而失去了人性原本的良知。如《春梦》中自幼暗恋晓霞的顾安直长大后当上了红卫兵，再次偶遇已经是"地富反坏右"的晓霞，却在现实中实践了自己的"春梦"。最令人不寒而栗的是，晓霞最终以勾引腐蚀红卫兵的罪名被打死。还有《小雀》中担任"四清"工作队队长的小孙，严格按照文件展开阶级斗争调查，以僵化思想划分阶级，对百姓生活中最为平常的习惯、现象强加政治色彩，就连养鸟亦是一种地主阶级的生活方式，由此，他彻底清灭了民间世俗景象的原本活力，也映射出其自身正常价值观念的消亡。此外，类似的人物形象还有《扫盲》中常常打报告的齐主任，《火葬》中死后满肚子肥油的郭处长等。

与第一类形象截然相反的形象，是在时代的挤压下遭遇伤痛的"病"人。之所以称为"病"人，多是因为这些人的身上往往有非正常的思想或行为表现，这些"病"盖是源于时代经历所留下的伤痕。如《色相》中什么都傻看的老关，因"文革"时自己的一句话，蹲了七年大牢，又差点瞎了，出狱后便养成个什么都"看"的毛病。看，是过往经历在他身上留下的伤痛痕迹。同样，《炊烟》里的老张对孩童的手极为敏感，幼小的女儿张美丽把手塞进他嘴中，却惊得他抬手一掌，不仅伤了家人，自己也住院连天才开口说话。看似不可理喻的行为，实则是老张在饥荒年代留下的心理阴影的投射，是对过往残忍经历的恐惧，也是无法治愈的异"病"。类似的人物形象还有《结婚》中因"右派"身份而没能结婚，结婚后又离婚，最终却习惯孤独一人的老林，《宠物》中只能以老鼠为伴的金先生等。

第三类是随时代洪流而沉浮飘荡的观察者。他们不似第一类人，能对他人有所影响，也不似第二类人，留下无法掩饰的伤痕，他们多是只能随波逐流生存在同一世相下的芸芸众生，似乎不具有主观色彩，只是被动地接受着、观察着、经历着。但是他们的观察、经历却流露出对现实社会和人生的展现，引发读者思考。如《小玉》中的傻姑娘小玉自始至终坚守着一架钢琴，然而，费尽心力将钢琴带到公社,钢琴却最终沦为一堆废品。而那个时代下的艺术和文化,无一不是如同小玉的钢琴一般,渐渐在废墟中蒙上厚重的尘埃。再看《宝楞》一文,故事似乎从头至尾讲述的都是赌徒张宝楞在赌博方面的"专业"状态,唯有赌博和吃是生命的两件要事。直到故事结尾,阿城才点明题意,"宝楞若在的话,该划为什么成分呢?贫农?无业游民?总不会是地主吧?"[1]实则带有对当时社会成分划分的讽刺之意。此类型人物形象数量最多,类似形象还有《成长》中终于站在五星红旗下却迎风撒尿的王建国,《妻妾》中生活在新中国却过着旧社会纳妾日子的老余,《大水》中不管是公社地还是私人地都认真打完田埂才肯走的石头等等。

每个小人物在时代的大背景中都有着各自的身不由己,映照出那个年代的光影和画面,如同一个个音符,共同组成时代的旋律。通过阿城对多种人生不同层面的表现,我们能深刻地感受到"文化大革命"留下的抹不去的印记。就像音乐中的"对位",各个故事的主题并非孤立的个体,而是彼此依存并相互关联、相互作用的共同体,是有组织地进行对话的关系。在对话的穿插间,也使得这部系列短篇凝聚出一种深切的厚重感和悲剧感。

---

[1] 阿城:《遍地风流》,江苏凤凰文艺出版社,2016,第93页。

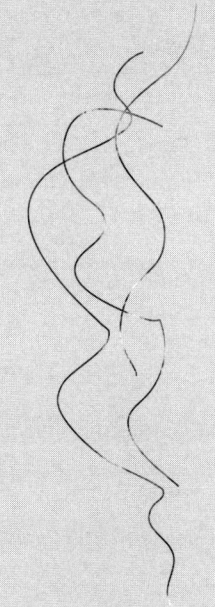

电影是一种生活方式

电影生活

如果说小说创作是阿城艺术创作的起始和巅峰，那么电影则是阿城创作人生中峰回路转开辟的一隅桃花源。因《棋王》《树王》《孩子王》《遍地风流》等作品，阿城从名不见经传变为人尽皆知的文学大师，甚至引领了一代文学风潮。但是在随后的一段岁月中，他似乎逐步游离出文学圈子，渐渐涉入电影的领域之中。可以说这是一种适应时代和社会环境的转变，另一方面，这也是一种必然的决定。无论是基于自幼家庭的氛围熏染，还是凭借自身喜好所做出的选择，电影对于阿城而言，是融于生命的一种生活方式，他在电影中汲取精神能源，在电影中释放生命能量。同时，对于电影的喜好和选择影射着他对于人生的理解、幻想和经验。

对阿城而言，电影是一种生活方式。且不论他庞大的阅片量对自身产生了怎样的影响，单从家庭影响方面论，自他呱呱坠地，电影便已融入他的生命之中。如前文所言,阿城的父亲钟惦棐是著名电影文艺家、理论家、影评家,中国电影美学的奠基人,母亲张子芳任北京电影制片厂党委副书记("文革"后恢复)。虽然时代环境导致阿城并没有机会接受系统性的家庭教育,其文化启蒙多源自琉璃厂的旧书摊,但源于血脉的艺术基因、充斥着电影艺术的家庭氛围,不可避免地令他自幼耳濡目染。正如阿城所说的,童年时期是杏仁核开始大量储存情绪记忆的时期,这也是一个人的童年经验会影响他一生的原因。

阿城对电影的热爱不亚于音乐、美术、戏剧等任何一门艺术。他曾在杂文中记录自己在五十年代观看电影《偷自行车的人》,可见,未满十岁的他便养成了观影的习惯。到了七十年代,到农场插队,每逢放电影的活动,他必然走上二十公里的路去看。直到返乡回城,阿城也将其描述为"回到城里的感觉是慌慌张张看电影",但凡有电影放映的消息,便"贼一样地寻人,接到票后窃喜,挤进门去"[1],仿佛致命吸引般上瘾。正如《棋王》中"我"对生活中没有电影的不满足,《树王》中"我"到县上必看一场电影的弥足珍贵,《孩子王》中由放映电影生出的无限快乐,阿城将自身对于电影的热爱影射

---

[1] 阿城:《文化不是味精》,江苏凤凰文艺出版社,2016,第95页。

到小说中，表现出电影在其精神世界中不可替代的重要意义。

梳理阿城与电影相关的论述，林林总总有数十篇之多。从分析中国电影的世俗性格到"第五代"导演电影的反世俗特征；从意大利的新现实主义电影到中国武侠片的歌舞性质；从印度的歌舞片到欧美的动画片；从美国好莱坞的商业因素到电影的娱乐本质，涉及影片之多，类型之广，视野之开阔，都足以令人敬佩阿城的电影修养。

虽然阿城以美术出身，以文学入世，但自八十年代中期开始，他便正式涉入电影行业。他担任编剧的影视作品有：《大明星》（1985年）、《芙蓉镇》（1986年，提名第七届中国电影金鸡奖最佳编剧奖）、《飓风行动》（1986年）、《月月》（1986年）、《三个女人的故事》（1989年）[1]、《画皮之阴阳法王》（1993年）、《小城之春》（2002年）、《吴清源》（2006年）、《贞观之治》（2006年电视剧）、《盛世里的工匠技艺》（2006年纪录片）、《刺客聂隐娘》（2015年，提名第五十二届金马奖最佳改编剧本奖）、《三个十年》（暂未上映）。他参与制作的影视作品有《海上花》（1998年，顾问）、《中国日记》（旁白撰写及编辑）、

1　香港上映时片名为《人在纽约》。——编者注

为《刘小东新作：多米诺》制作图片记录和纪录片，《卧虎藏龙》的片尾中曾提及感谢阿城。根据杂文中的记录，阿城还曾拍摄一部关于云南马帮的纪录片，并曾担任第六十二届威尼斯电影节评委。

阿城后期的创作重心从文学转移到电影，并非仅仅是兴趣所致，更是基于他艺术积淀的选择。电影创作是一个各种学科的综合体：文学、音乐、美术、诗歌、历史，甚至哲学、科学，其间或许还会掺杂着节奏和舞蹈造型等各方面的内容。阿城浩大繁杂的知识体系正应对了这些因素。可以说，阿城与电影的结合，就是将他积淀的一切素质所产生的能量的外化。

反观阿城的文学作品，小说《孩子王》于1987年被陈凯歌导演改编为同名电影，《棋王》于1988年被滕文骥导演改编为同名电影。在此期间，意大利新现实主义导演埃曼诺·奥尔米曾提出拍摄《树王》、台湾导演侯孝贤曾提出拍摄《孩子王》，但由于各种因素，均未能实现。2020年新闻媒体报道，田壮壮导演现已完成拍摄由《树王》改编的电影《鸟鸣嘤嘤》，只是久未上映。阿城的代表作"三王"之所以均能频频引起导演们的注意，正是源于其文本强烈的电影化特质。

电影和小说作为两种艺术语言，在本质上却是最具共性的两个艺术门类：均是通过故事、场景环境展现人物。基于长久的电影体验和深厚的电影素养积淀，阿城的小说在文字表达上显现出电影化的处理方法，其语言兼具可视性、可听性的特质，读者在阅读体验中可自觉感受到影音画面的生成。以电影的表现手法服务于文学表达，也使得阿城的小说更富有动态的感染力。

从"电影人"到"电影观"

阿城交往的电影人不胜枚举，例如谢晋、黄建中、姜文、田壮壮、李安、贾樟柯、冯小刚、关锦鹏、陈凯歌等，极具影响力和艺术成就的大师不在少数。阿城对电影人的选择和评价无疑流露出其自身的电影风格喜好、审美追求。在与他们的交往、交流中，阿城的电影观更得以显现。

纵览阿城参与的所有电影，滕文骥执导的《大明星》《飓风行动》和胡金铨执导的《画皮之阴阳法王》无疑是最特别的三部。不同于《芙蓉镇》《小城之春》这样的现实题材作品，《大明星》和《飓风行动》是典型的商业片，而《画皮》是古装动作恐怖片。

有趣的是，阿城当年之所以会参与创作《大明星》和《飓风行动》，实则是源于他和滕文骥交好。个人随时代而动的年代，因一次偶然的契机，两人商量着南下去深圳寻寻出路。这原本是一个冲动的决定,没想到阿城转身便辞了职。那时的他是中国图书进出口公司的美术编辑,大可安稳度日,可他丝毫没有"铁饭碗"的概念。当滕文骥再次到图书公司寻阿城时,同事们却告诉他阿城已经离开了。于是滕文骥二话不说也辞了当时在西安电影制片厂的工作,两人就那么奔向了深圳。然而,一腔热血喂不饱肚子,为了解决温饱,两人接了几部电影的活儿,都是商业片。据滕文骥回忆,那时的他们一边拍摄,一边赶剧本,身为编剧的阿城晚上常常看电视看到满屏雪花,次日一早却总能生生变出当日要拍的剧本来。就是那些临时产生的故事,后来却一盘难求(当时深圳地区还流行着电影光盘)。拍完这些片子,他们挣得不小的一笔钱。

至于《画皮之阴阳法王》,那是阿城和胡金铨根据《聊斋志异》中的《画皮》共同改编,阿城之所以参与该片的编剧工作,一方面是出于对《聊斋》的兴趣,另一方面也因着对胡金铨导演的欣赏和认同。据阿城的回忆,1985年他在美国洛杉矶南加州大学(USC)出席一场有关中国电影的讲座。回答主持人的提问时,阿城提到了印象深刻的电影《侠女》。《侠女》是胡金铨导演于1971年在香港上映的经典之作。当时胡导恰巧隐坐在观众席间,听闻自己时隔多年的作品得到赞许,不免激动,猛然起身作揖。经主持人介绍，阿城得知此人正是《侠女》的导演，于是作揖回礼，两人于此得以相识。以当时的社会环境，中国人留美还未成为风潮，国人能在洛杉矶找到同胞似乎还是一件难事。两个人因同在异乡，知音甚少，所以极快相熟起来。后来胡金铨甚至还带着阿城去看望了自己极敬重的胡蝶女士，二人情谊渐为深远。

阿城欣赏胡导，他说胡金铨具有一般导演所没有的导演式的想象力。或许人们只知道胡金铨所执导的丰富的作品，却不知，胡金铨更推动了中国武侠片服装的改良进程——之前，中国武侠片的服装都是紧束于身体的，如贼寇一般，直到胡金铨将日本的剑侠造型整体运用于中国武侠电影，才使得我们所看到的武侠片中，人们都穿着层次叠加、宽衣赘带式的服装，这种服装模式一直沿用至今。

阿城欣赏胡金铨的创造力和想象力，作为导演，胡金铨为了追求理想的镜头画面，能够灵活运用各种方法以达到效果。例如在《侠女》的放映中，他以副片代替正片的段落，以此突显部分片段的不同效果；他会考虑到画面中的人体比例，到韩国选择房屋框架低矮些的布景进行拍摄。胡金铨之所以能够成为第一个在戛纳电影节获奖的中国人，也是因为他突破性地在武打电影拍摄中使用蹦床，使电影演员在打斗间的跳跃更为舒展悠扬，由此获得第二十八届戛纳国际电影节技术大奖。无论是胡金铨对造型的突破还是表现手法的创新，阿城均赞赏有加。对已知的事物进行全新视角的表现，也正是阿城所一直追求的理念。阿城乐于并善于进行开创和想象，以此打开更为宽广的视域和可能性。阿城对胡金铨导演的欣赏，便是基于这种创造力和想象力，如此敬重钦佩，才引得阿城形容胡金铨"好比名贵瓷器，碎一件，少一件"[1]。

在阿城诸多的电影友人中，另一位不得不提的，是台湾导演侯孝贤。

阿城曾与侯孝贤导演合作过多部电影：《人在纽约》（中国台湾地区上映时片名为《三个女人的故事》）《海上花》《刺客聂隐娘》。他曾说："我至今认为，大陆还没有导演可以和侯孝贤平起平坐，起码在电影叙述上。"[2]侯孝贤的电影叙述中几乎不存在因果关联，而是由一个状态串联另一个状态，形成中国章回小说式的连缀结构，以蒙太奇拼接将看似没有关联的各个画段拼凑成和谐的整体。这种叙述方式极具中国诗的特点，通过对不同意象的描绘，形成统一的意境，进而抒发情感，引出内涵。这种诗意的电影语法正与阿城小说的诗意语言形成契合，

---

[1] 阿城：《文化不是味精》，江苏凤凰文艺出版社，2016，第337页。
[2] 阿城：《文化不是味精》，江苏凤凰文艺出版社，2016，第89页。

两人对中国传统式叙述手法的共同选择，体现了他们美学追求的统一。

细观侯孝贤导演的诸多作品，《恋恋风尘》讲述了少年爱情的美好与忧伤；《风柜来的人》讲述了挥霍青春的少年们在成长中的困惑与迷茫；《悲情城市》讲述了台湾混乱的时代背景下一众知识分子的命运沉浮；《童年往事》讲述了一个人的童年回忆，伴随着家庭与时代的变迁；《海上花》以十九世纪末上海英租界为背景，讲述妓院中繁杂的爱恨纠葛；《刺客聂隐娘》以安史之乱为背景，讲述作为刺客的聂隐娘生命中的孤独之感。可以说，侯孝贤的电影均在展现自然法则下人们生活的印记，洞察人物性格，或揭示人物在现实命运中的沉浮，或通过人物的故事表现历史的变迁，以小人物的命运展现大时代的动荡转变。侯孝贤的电影具有世俗性的品质，这正是阿城极注重的真实。

世俗、真实，也是阿城追求的两个关键词。阿城的小说常常以世俗中的小人物展现大时代的动荡：一生只追求"吃"与"棋"的王一生，隐于山林之间的肖疙瘩，身不由己的老杆儿，以及《遍地风流》中形形色色的无名之辈，这些平凡的生命以各自的故事为我们展现出真实的世俗面貌。正是由于以世俗性为灵魂，阿城才会评价"费穆的《小城之春》，张爱玲的《太太万岁》，成熟到将世俗性格升华"[1],而"王朔电影"以世俗景观的重现征服了世俗之心。

电影化叙事

电影叙事(cinematic narration)起源于二十世纪六十年代的结构主义,由文学作品的叙事研究衍生而出。文学叙事是依靠语言的串联构成叙事,而电影叙事是通过视觉性和展示性的情节构成画面,再由画面所延伸的意义构成叙事。虽然二者都有情节安排、人物性格、审美特性等要素,但电影叙事和文学叙事又具有各自的艺术特性。

在电影叙事中,编剧和导演通过目的性的灯光、剪辑、声音、镜头等技巧,激发观众的情绪,从而推进故事情节,塑造人物性格,使得影片充满张力。而在文学叙事中,创作者常常通过大量的心理描写,配合情境的渲染,从而引发读者跟随角色产生心境的波澜起伏,达到触及情感的效果。例如陀思妥耶夫斯基在《罪与罚》中,通过心理描写入木三分地刻画出拉斯柯尔尼科夫神经质、多疑的性格;茨威格在《一个陌生女人的来信》中,

---

[1] 阿城:《文化不是味精》,江苏凤凰文艺出版社,2016,第62页。

以独白的方式展现出深沉的痴情。回顾中国现当代的众多知名作家，施蛰存、冰心、茅盾、莫言等，其小说的心理描写同样大放异彩。

固然，偏重于心理描写的文学叙事是一种重要的表现方式。但是，阿城的小说，却几乎寻不见明显的心理描写，更多是以对话、动作、场景、画面表现人物形象，构建小说情节，整体的叙事带有画面感、动态感。因此，阿城的小说带有鲜明的电影化叙事倾向，这无意间为小说改编成电影培育了肥沃的土壤。

阿城的小说以行为举止为人物浸染视觉印记，力求通过视听性、形象化的微小细节丰满人物内涵。于是，阅读他的小说便能拥有如同观影般的感官体验。例如《树王》中，阿城以劈柴时如切豆腐一样的态势，只十几下便磨好一把刀的技巧，以及砍树时刀起树倒的利落，刻画出肖疙瘩"树王"称号的名副其实，并通过他对众知青砍树所表现出的沉默不语，"证明老天爷干过的事"的愤喊以及烧伐树林后颤抖而无力的手掌，塑造肖疙瘩捍卫自然生命的守护者形象。同样，《棋王》中的"我"、王一生、倪斌，是出身极其不同的三个人，除了背景经历的介绍，阿城还通过三人的外貌、吃相等视觉化的表现，突显三人之间的差异。阿城以王一生在火车上吃饭小心翼翼的神情、吃完后舔筷子、用水冲满饭盒、吸净油花一系列的动作表现出王一生穷困的生存环境。而对"我",则以谈及的各种书、电影,家具上的机关铝牌等细节,说明家庭出身相对富裕。对倪斌的刻画,则通过讲究的衣着、握手和说"请坐"的举止、"蛮好,蛮好"的语言习惯等细节,生动展现出高知家庭的教养。一系列具有视听效果的刻画,使读者在阅读过程中便可轻易在头脑中形成鲜活的人物动像。

除了视听化的人物刻画,在场景描写方面,一些蒙太奇技巧的使用也有迹可循。"蒙太奇"意思是选择、排列、组织、构成、装配,本属于建筑学术语,后来多被当作电影术语,有剪辑和组合的意思。在小说创作中,它被演化为围绕特定主题,将不同时间和地点的内容片段组合到一起的表现方法。

蒙太奇手法的运用方式多种多样,往往对作品结构的灵活变化具有独特的效果,使影视或文本内容产生时空的错位或连贯,形成对比,或引申联想,相互衬托,制造悬念,改变节奏。在张贤亮的小说《灵与肉》中,由于故事时间跨度前后长达三十余年,人物生存的空间范围也相隔甚远,因而作品中运用了鲜明的片段组合方式,是明显的蒙太奇技巧。虽然阿城的"三王"惯以"我"为第一视角,并沿时间顺序记叙,但细致品读,却同样不乏某些积累式蒙太奇的片段组合。

积累式蒙太奇，是把一系列性质相同或相近的镜头连接在一起，通过视觉形象的积累效果，造成强调作用。[1] 只是这些片段相对而言更为短小，转换更为迅速。例如《棋王》中，王一生去往车轮战赛场的场景：

> 众人都轰动了，拥着往棋场走去。到了街上，百十人走成一片。行人见了，纷纷问怎么回事，可是知青打架？待明白了，就都跟着走。走过半条街，竟有上千人跟着跑来跑去。商店里的店员和顾客也都站出来张望。长途车路过这里开不过，乘客们纷纷探出头来，只见一街人头攒动，尘土飞起多高，轰轰的，乱纸踏得嚓嚓响。一个傻子呆呆地站在街中心，咿咿呀呀地唱。四五条狗窜来窜去，觉得是它们在引路打狼，汪汪叫着。[2]

在这段场景中，阿城以多重人物的表现混杂整体环境，堆积了诸多画面，通过短而快的场景切换，烘托出一种紧张而隆重的气氛，节奏急促而强烈。从众人走，

---

[1] 庄涛、胡敦骅、梁冠群主编《写作大辞典》，汉语大词典出版社，1992，第236页。
[2] 阿城：《棋王·树王·孩子王》，江苏凤凰文艺出版社，2016，第48页。

到行人问，到有人跟着跑，商店里的店员和顾客、长途车上的乘客、傻子、狗，在有限的篇幅内，阿城以多重侧面表现出这一场景的意义重大，且强化了不同要素间的映衬、呼应作用。组接自然紧密，情绪统一，碰撞出更浓烈的效果。

类似的积累式蒙太奇手法，还运用在《树王》中知青们上山砍树的景象描写中：

> 树都互相躲让着，又都互相争夺着，从上到下，无有闲处。藤子从这棵树爬到那棵树，就像爱串门子的妇女，形象却如老妪。草极盛，年年枯萎后，积一层厚壳，新草又破壳而出。一脚踏下去，"噗"的一声，有时深了，有时浅了。[1]

这一片段描述的是人迹罕至的原始森林，通过茂密的树、遍布的爬藤、层层积累的草壳，这些物象犹如森林的一块块局部特写的叠加，使森林长成一团的样貌极有层次而鲜明地勾画出来。同时，细节的积累可使读者清晰想象出知青们在这种境况下砍树的艰难。

---

[1] 阿城：《棋王·树王·孩子王》，江苏凤凰文艺出版社，2016，第72页。

从视听化描写到蒙太奇手法，阿城小说的叙事表现出鲜明的电影化倾向。这也是"三王"均已被改编为电影的重要原因之一。

小说的"镜头语言"

文学具有间接性，需以语言为材料塑造形象，引起人们的想象，进行意义表达。而电影则通过镜头所拍摄的主体和画面的变化像语言一样表达深意。在电影的拍摄中，根据景距、视角的不同，一般可将拍摄画面划分为远景、全景、中景、近景、特写。不同的取景方式会产生不同的画面作用，通过复杂多变的场面和镜头调度，可以起到叙述剧情、表达人物思想、处理人物关系的作用，合适的镜头语言可以使电影更具表现力，增强整体的艺术感染力。阿城的小说中蕴含着丰富的镜头语言式书写，他以文字为我们展现出类似于电影镜头的效果，使小说中有一种浓烈的电影性特质。

从电影理论的角度而言，不同的画面在人的生理和情感中都会产生不同的投影和不同的感受。远景镜头所体现的空间关系较为清晰明确，因而起到使场面客观化的作用，通过包含丰富的细节传达出客观的情景信息，主要用以叙述场景剧情，起到介绍情况的作用。纵然所包含的信息可能会激发情感，但远景镜头所展现的视觉效果却更为客观，使得观众能以一种超然的情感态度看待适时的场面。

以《棋王》为例，小说开篇人们在车站离别的场景，知青们一起到江里洗澡时夕阳西下的场景，以及得知王一生要挑战众多棋手后成百上千人涌动在街头的场景，对于这些事件性的介绍，阿城均采用了远景镜头的视角进行描述，以展现事件的客观状况。在《树王》中，知青们砍伐原始森林的片段同样采用了远景式的描写，以茂盛的草地衬托着相互交杂的树和藤，表现出整个山林最原始的状态。对于烧山后的情景的描写，亦由远景式的镜头表现出整个山的荒凉，只留下黑暗而裸露的山沟，与此前形成鲜明对比。阿城运用远景式的描写，使小说展现出清晰而丰富的空间画面感，达到介绍环境、强调气氛的作用。

与远景所体现的客观场景不同，近景和特写则使读者在情感上更为接近人物内心。通过描写画面中的某个局部，突显细节，使读者对局部画面所强调的内涵做出最直观的情感反应。阿城小说中最经典的特写镜头，便是《棋王》中王一生的吃相：

> 听见前面大家拿饭时铝盒的碰撞声，他常常闭

上眼,嘴巴紧紧收着,倒好像有些恶心。拿到饭后,马上就开始吃,吃得很快,喉结一缩一缩的,脸上绷满了筋。常常突然停下来,很小心地将嘴边或下巴上的饭粒儿和汤水油花儿用整个儿食指抹进嘴里。若饭粒儿落在衣服上,就马上一按,拈进嘴里。若一个没按住,饭粒儿由衣服上掉下地,他也立刻双脚不再移动,转了上身找。这时候他若碰上我的目光,就放慢速度。吃完以后,他把两只筷子舔了,拿水把饭盒冲满,先将上面一层油花吸净,然后就带着安全抵岸的神色小口小口地呷。[1]

眼、嘴、喉结、筋脉及其神情、动作,这些细致入微的刻画将王一生的形象无限放大,生动而形象地展现出他对食物极度的珍视,由此不仅可窥见他成长环境的困苦,更揭示着那个年代普遍的贫穷艰苦、物资匮乏,使人感受到时代中立体而真实的影像。虽然并未直接书写王一生的饥饿感,但紧紧的嘴巴、缩动的喉结、绷满筋的脸、按压的手指、不敢移动的双脚,都淋漓尽致地表现出他自幼食不果腹的伤痛记忆。我们可以由此

---

[1] 阿城:《棋王·树王·孩子王》,江苏凤凰文艺出版社,2016,第10页。

看出王一生必然家境贫寒，这也导致了他强烈的生存意识——生存才是第一要义。在徐克所执导的电影《棋王》中，这一情节便采用了大特写展现：王一生挖出满满一大勺的白饭，嘴唇包裹钢勺的紧张，吮吸指尖的用力，如镜面般光亮可鉴的饭盒底，桌子缝隙中的米粒，下咽时滚动的喉结，一连串的特写镜头，使这场吃戏极其细腻，犹如对恋人肌肤纹理的爱抚一般。在梁家辉精湛的演技下，一碗普通至极的馊饭，充分诠释出王一生骨子里对于食物的饥渴，这段"吃"戏也被盛赞。

类似的特写镜头还有《树王》中烧山的场景描写：

> 突然一声巨响，随着嘶嘶的哨音，火扭作一团，又猛地散开。大家看时，火中一棵大树腾空而起，飞到半空，带起万千火星，折一个筋斗，又落下来，溅起无数火把，大一些的落下来，小一些的仍旧上升，百十丈处，翻腾良久，缓缓飘下。[1]

当大火燃烧了整片山林，万千的树和扭动的烈火缠腰交融在一起，阿城将目光拉近到一棵腾空而起的大树

---

[1] 阿城：《棋王·树王·孩子王》，江苏凤凰文艺出版社，2016，第104页。

上。通过对这棵代表性的大树的特写,我们仿佛看到了它翻腾在烈火之上痛苦挣扎的样子,伴随着万千火星,犹如垂死之人发出歇斯底里的呐喊。阿城以小说中"我"的视角描述这场烈火,映照着"我"的心理状态,读者跟随着产生震撼的疼痛感,那是对于无数自然生灵毁灭的疼痛,是对于人们泯灭良知的疼痛,是觉醒后自我谴责的疼痛。

在《孩子王》中,阿城对学校教室的描写同样采取了特写镜头的方式:

> 桌椅是极简陋的,无漆,却又脏得露不出本色。椅是极长的矮凳,整棵树劈成,被屁股们蹭得如同敷蜡。[1]

以"我"的视角展现出桌椅的简陋不堪,通过特写画面,读者也可以更鲜明地感受到孩子们艰苦的学习环境的触目惊心,以此那个年代中生活真实的贫困。

恰当的镜头语言可以起到明确主题、清晰思路的作用,应和了中国古代绘画中"远取其势,近取其神"的

---

[1] 阿城:《棋王·树王·孩子王》,江苏凤凰文艺出版社,2016,第124页。

原则。阿城在小说中能够以准确的取景恰如其分地达到理想中的艺术效果，也使小说的文字语言得以具备镜头语言的特质。

文字的"声画合一"

除了画面描写的镜头式语言，阿城小说中值得一提的另一种电影性语言，便是声画合一。小说如何发声？无非是通过那些拟声字词传达。交叉书写声响和画面，不仅丰富着文本的信息，更演绎出活泼的情境。

在《棋王》几场经典的远景描写中，阿城均配合了声画合一之效，如车站喇叭里的一首又一首毛主席语录歌儿，使原本嘈杂的车站更为混乱，同时突显着时代特点；傍晚江畔鸟儿的啼鸣和吼唱的山歌，则体现着知青们在自然中自得其乐的悠然；到了人头攒动的街头，傻子咿咿呀呀的歌，混杂着乱纸被踏得嚓嚓响以及狗汪汪的乱叫声，则更生动地体现出车轮大战的轰动效果，彰显那场棋局的独特和重要。

场景描述中的声画合一令人产生身临其境的逼真感，而在人事物的构画中，声画的结合则丰富着思想的表达。王一生经历车轮大战后，"喉咙嘶嘶地响着，慢慢把嘴张开，又合上，再张开，'啊啊'着。很久，才呜呜地说：

'和了吧'。"以喉咙中挤出来的声响配合嘴巴开开合合的动作,生动展现出王一生所经历的艰难,车轮大战中的紧张和他消耗的巨大心力体力,使王一生抽空了身体中所有的能量。读者由此可以揣摩,这棋局对他意义非常。在《树王》中,知青们在月色篝火旁的围坐,伴随《让我们荡起双桨》的旋律,展现出初来农场的愉悦心情和相对简单纯净的状态。在《孩子王》中,课堂亦时常伴随着地动山摇的歌声,仿若斗嘴般的时下歌曲,成了孩子们无聊的发泄,可以想象课堂内容的乏味。正是为了改变无意义的教育模式,老杆儿才和来娣商量编一首歌,给自己班的孩子们唱。在这里,歌曲不单纯是音乐,更是一种隐喻,暗指孩子所接受的教育模式,而老杆儿向往的,正是颠覆固有的陈词滥调。通过声与画的交融,老杆儿的坚持和固执,就显得愈发丰满而蕴含深意。

此外,小说中还有一些景物,阿城通过拟人手法,让物发出人的声音,使其生出一种象征的意味。这种声画合一方法的变形主要集中于《树王》。例举一二:

树王静静地立在山顶,像是自言自语,又像是逗着百十个孩子,叶子哗哗地响。

刀"当"的一声落在树根上。余音沿树升上去,

> 正要没有,忽然如哭声一般,十数只鸟箭一样,发一阵喊,飞离大树……

> 山如烫伤一般,发出各种怪叫,一个宇宙都惊慌起来。

诸如此类的声画描写之间,表现着树木状态的变迁,由快乐的自言自语,到悲哀的哭喊,再到受伤后的怪叫,不仅表现出树木饱经摧残的苦痛,更暗喻着作者的愤怒。

陈凯歌曾在回忆中谈到,他和阿城同在云南农场劳作,原始森林中,他们用利斧砍伐大树,然后像《树王》中描述的一样放火烧山。多年后再回顾那段往事,他不禁感叹:"当几百年的生命嘶叫着化为灰烬,我们却在望着自己的握斧过后的血手笑,自豪地挺起胸膛。我们的工作其实就是杀戮。后来,我从树想到了人。"[1]与陈凯歌的感受相通,阿城在小说中赋予树木人的声音,以此抒发伤痛。受时代裹挟,人们无良知地迫害着自然,倘若反转视角,砍树和杀人又有何区别?而良知泯灭,也是对人性的另一种扼杀吧,丧失了人性,人又何以为人。

---

[1] 张思涛主编《华语电影新时代》,中国电影出版社,2013,第173页。

客观而言,此类声画合一的描述很难在电影中实现展示,但在小说中,它拨动着读者的感官和想象,也使文字生出了视听结合的艺术效果。

影视创作——从《芙蓉镇》到《刺客聂隐娘》

对阿城而言,电影的优劣无关题材,任何故事若能找到合适的角度,都能舒展出相应的灵魂、感觉、态度。所以他说,"拍什么不重要,重要的是怎么拍,一拍,才见出你的选择、你的态度、你的解读。"[1]这也是他所追求的电影表达。

纵观阿城的剧本创作,从恐怖、娱乐性的《画皮之阴阳法王》到情感、世俗性的《人在纽约》(《三个女人的故事》),从充满时代气息的《芙蓉镇》到充斥男女情感纠葛的《小城之春》,从记述一代宗师《吴清源》到构画侠女《刺客聂隐娘》,阿城似乎从不对题材类型设限。阿城通过剧本的创作,书写自己对价值的选择,对人生的态度,对生活的解读。银幕上呈现的是浸染着导演的色彩的作品,褪去灯光、音响、摄影等元素,剧本才是

---

[1] 张思涛主编《华语电影新时代》,中国电影出版社,2013,第125页。

属于编剧的电影。电影《棋王》《孩子王》以及还未上映的《鸟鸣嘤嘤》，虽都源于阿城的小说，但其本人并未参与剧本的改编，所以在此不划入讨论的范畴。当我们将视线集中于他所创作的剧本，会发现，人物才是他缔造灵魂、抒发感觉、表达态度的关键。

电影·灵魂是人物

电影固然是一场视听盛宴，然而在这场五光十色的宴席上，最能打动人心、最耐人寻味的便是人物。人是最复杂的动物，每个人的情感、情绪、品质、思想等，都存在着极细微的差别，就像世界上没有完全相同的两片叶子，世界上也没有完全相同的两个人。而不同的人物又有所相通，经历的共通，情感的共鸣，思想的共识，时代的共生，是观众在观影过程中得以被催眠的缘由。就像阿城所说，在电影中"不能迷恋文化，我觉得迷恋的应该是人物"[1]，由人物构成的灵魂核心，才是电影表达的关键。因此，阿城评价《甘地传》中的大场面是无用功，《金刚》的成功在于拟人化的表达，《断背山》走近了人，

---

[1] 张思涛主编《华语电影新时代》，中国电影出版社，2013，第81页。

而《晚安，好运》是偏写事件的"一场热闹"。在阿城的电影观念中，最注重的是人的表现，一切场面、情节都应致力于人物的塑造，服务于人与人之间关系的表现。

以情节服务人物，以场面衬托人物，是阿城剧本最典型的特征之一。不同于1948年费穆导演的《小城之春》，在与田壮壮导演合作的新版《小城之春》中，阿城按照田导的意愿，摒弃了独白式的第一人称视角，使得新版影片中章志忱和戴礼言两个角色更为客观而丰富。

在阿城的改编中，人物细腻的刻画是电影的精彩之处，对人性和人的复杂性的真实还原，深刻体现出阿城所注重的人物表达。在《小城之春》（2002）中，阿城将戴礼言所经历的五四新文化背景进行了补充，润色以更具文化色调的思想，"虽然他脾气不好，但有自识，虽然他自杀，反而更开通，更有担当。"[1] 与费穆版单纯的情感受害者角色相比，阿城笔下的戴礼言增添了家园惨败之痛、知识分子的通达、情感上的愧疚等多重情感色彩。阿城甚至单独为戴礼言这个角色增添了一场戏份：在小妹戴秀的生日宴中，周玉纹和章志忱的旧日情感展露无遗，戴礼言于是默默走到庭院捶树痛泣。面对志忱与玉纹间的默契和欢笑，他产生了无法克服的无力感、愧疚

---

[1] 阿城：《文化不是味精》，江苏凤凰文艺出版社，2016，第129页。

感，也为之后的自杀进行了心理铺垫。对于章志忱，阿城体谅到他在重遇旧情人时的慌乱、尴尬，对他的身不由己赋予了怜悯之情。纵然他与玉纹两人余情未了，但出于对好友的关心、对情人的懊悔，又展现出情感纠葛中进退两难的境地。

关于剧情的设定对人物形象塑造方面的效果，费穆版《小城之春》中，玉纹和志忱的情感表现得暧昧而热切，他们之间是单纯的爱情关系，使得人物略显单薄。从玉纹对志忱和戴秀亲密关系的嫉妒和戏谑，到四人出游时志忱与玉纹偷情式的牵手；从一同划船时两人的若有所思，到私会后的担忧和亲昵；从酒醉后志忱目无他人的情感流露，到玉纹自残式的扭扯挣扎，两人的言行举止充斥着情与欲的炽烈。而作为丈夫的戴礼言似乎始终承受着落寞和伤害。为了使人物更为细腻丰富，阿城在新版剧本中增添了时代背景和社会现实中的人性，对部分情节进行了修改。如四人划船歌唱的片段中，玉纹和志忱的情态不同于老版中若有所思，而是完全沉浸于游玩的欢乐，这是阿城对春天般美好情感的一种成全。另一方面，碍于礼法的批判、家庭的责任、内心的良知，玉纹和志忱不合于礼的情感在现实中是为人摒弃的，因此阿城将两人情感的炽烈略加收敛，增添了隐忍、纠葛、挣扎的意味，所以增添了章志忱爬树为周玉纹拾回手绢的情节。章志忱的冲动是出于关爱心切,而周玉纹的逃离则表现了对家庭的愧疚和对违背道德的恐惧。在小城城墙外两人讨论为戴秀做媒之事的那一场景中,阿城也着意添加了玉纹"我不想你走,我也不能跟你走的"的台词,从家庭道德层面为玉纹设下了阻挠,在酒醉后的志忱纠缠玉纹时,让玉纹表现出想要靠近却有所顾忌,继而表现排斥的矛盾。

在电影结局的设定中,阿城对人物形象的设计也更为丰厚。费穆版的结局中,周玉纹和戴礼言两人共站城墙之上,玉纹指着志忱离开的方向,带着对于曾经的释然和对未来的希望。而阿城改编的结尾,将二人设置为相濡以沫的关系,戴礼言修剪着院中的枯枝,玉纹看似不经意地绣花,听到火车离去的汽笛身体却紧张着。阿城并未将玉纹和志忱的情感磨灭殆尽,他保持了人物对于旧情的眷恋与不舍,更为深切地展现出不得已的无可奈何,使人物的心理和现实的选择碰撞出矛盾,蕴含丰厚而复杂的意义。据说这个结局也是阿城在改编中最满意的部分。

不止于对人物复杂性的刻画,"编剧最重要的是完成剧中人物的关系结构"。[1] 电影中人物关系的建构也是阿

---

[1] 阿城:《文化不是味精》,江苏凤凰文艺出版社,2016,第141页。

城所擅长的，他往往能通过已知的信息构建出生长式的人物关系，使得电影保持自然的品质。

阿城总能准确地把握人物特性和灵魂，使人物之间产生和谐的、生长式的关联，由此衍生出故事情节。最为典型的体现，是阿城为关锦鹏导演所改编的《人在纽约》(《三个女人的故事》)。据阿城、关锦鹏回忆，1989年4月，关锦鹏导演协同一众剧组工作人员和演员，在美国纽约开始电影的拍摄。然而，电影开机不久，便发现剧本存在很大问题。拍摄进程停滞不前，开销巨大，紧急之下，关锦鹏请来当时在洛杉矶的阿城"救场"。

"由阿城重新在一周内改出的'百衲本'，一是大量删戏，二是将原先盘根错节的三个中国女人的关系，作出根本的改动。故事完全淡化，俨然成为几页信手翻过的纽约生活的素描。凸现于银幕上的便是这三个女主角不同的文化背景和心理背景。"鉴于此前完成的部分拍摄，以不浪费已有镜头为考虑因素，阿城根据三位女演员的性格重新排置剧情。以演员为先决条件编写剧本和设计角色，这在电影创作流程上绝对是逆向而行，但是正因阿城对于三位女演员准确的观察，使她们几乎本色出演，才最大程度提升了电影人物的真实性。

斯琴高娃饰演的赵红是一个刚到纽约和在美华裔青年结婚的大陆女人，其言谈举止的自然状态，恰好印合了角色该有的特点；张艾嘉饰演的黄雄屏是一个热爱戏剧而不得出路的台湾女人，其自带苦涩的笑容成为诠释人物最好的标签；张曼玉饰演的李凤娇是一个独立、骄傲而内心孤独的香港女人，其特有的透明的质感令角色更具韵味。阿城遵循着三人气质的本质特性，保持人物原有话语特征，由普通话、粤语、英语交杂混合，对三个女人在纽约纷杂社会中的沉浮和抗争予以深刻的表现。赵红因文化背景差异面对新世界的郁愤无助，黄雄屏在家庭和理想间的委屈踌躇，李凤娇骄傲外表下的孤独，演员们将各自性格特质发挥到极致的自然。影片上映后，张曼玉获得了她第一个金马奖最佳女主角的奖杯，《人在纽约》的剧本获得了第二十六届金马奖"最佳原著剧本"的奖项。

相似的情况还出现于李安导演《卧虎藏龙》的剧本创作中。电影开机之初，周润发、章子怡、杨紫琼等知名演员都已到位，剧本却出了问题。情急之下李安寻到阿城。在多篇电影记述中可知，《卧虎藏龙》的诸多对白都是出自阿城之笔，实际上，阿城担负着剧本统筹的职能。电影《刺客聂隐娘》的成功，阿城也起到了不可或缺的作用。如该片编剧之一谢海盟所说："阿城对我们这部剧本的贡献，不在故事情节人物设定等表面处，而在更深一层的概念与想法，为整部电影打桩立竿。阿城提出'杀手的成本',告诉我们可从汉与胡这方面着手剧中人关系,这些都是我们事前没想到也不可能想到的东西。"[1]正是基于对人物关系结构的深刻把握,阿城将电影中的道姑与嘉诚公主设定为双胞胎姐妹,以此解开了剧情逻辑的许多困扰,一切便顺理成章了。

在电影体系的构建中,主题、场景、情节固然是至关重要的元素,但是这一切又只能够成为表现人的工具。在阿城的剧本创作中,只有人物才是电影的灵魂所在。

电影·感觉是真实

在阿城的电影中,我们能强烈地体会到一种真实感,不仅是生活化的真实,更是对历史、时代所秉持的真实。在生活中寻找真实的电影,在电影中还原生活的真实,"真实"是阿城电影的脉搏。

小说注重以细节表达人物,在电影创作中,阿城同样注重以细节表现真实的历史情境。如前文所提,电影《海上花》以清末为时代背景,描写上海英租界高级妓院中的情爱纠葛。影片中,服装考究,布景华美,饰物的

---

[1] 谢海盟:《行云纪:〈刺客聂隐娘〉拍摄侧录》,广西师范大学出版社,2015,第32页。

填充独具匠心，原汁原味地还原了时代的真实，而这一切，均是阿城用心打造而成，正是他坚持以丰富的器具铺陈出场景的质感，才令这部电影获得了"繁华迷离的浮世绘画卷""富有生活的质感"等诸多赞誉。为了《海上花》的服装和道具筹备，1997年前后，阿城三次从洛杉矶飞回中国。据说，电影中的服装是依照真实旧衣残留的绣片重新定制，共170套。各式烟榻在台湾定制，雕花大床等物是托南京的画家汤国代为购运，屏风、门窗等家具更在雕花工艺更为优异的越南进行订购，如此浩大的准备工程，终于铸就了《海上花》近乎真实而华美的画面质感。同时，在阿城的协助下，影片还真实地还原了清末世俗生活的诸多细节，比如在最为高级的妓院中，倌人会因其丰厚的学识而受人抬举，以"先生"为称。"先生"不同于一般妓女，其客人都比较固定，不会随意接待陌生人，所以才衍生出影片中王莲生同沈小红的情感纠葛。对于灯光的把控，为了展现清末昆曲的真实色调，使之适配于服装的配色和设计，阿城建议以蜡烛和油灯作为光源，凭借其黄色调和闪烁不定的特性，营造出清末昆曲原本的光感。影片的拍摄中有七八场戏以两千多支蜡烛为光源，才使得成片画面产生出上釉、压膜的做旧感觉。

这种近乎写实主义的创作风格不仅存在于《海上

花》，在《小城之春》的拍摄中同样如此。电影的布景搭建、道具设计等事项均由阿城负责，为了尽可能展现故事所处时代背景的真实场景，他几经周折于苏州、杭州等地寻求老式家具，连租带借，最终耗费一个多月才凑齐了数百件器物布满整个宅院，使得《小城之春》的场景令人赞不绝口。此外，无论是《刺客聂隐娘》所展现的大唐气象，还是《画皮之阴阳法王》中极为考究的道具服装，凡阿城参与制作的电影，必力求还原环境之真实，这不仅是视觉效果的营造，更体现了尊重历史真实的美学追求。

场景、服饰、道具的精雕细琢，展现出表象的真实，而阿城一直所追求的世俗性，则是故事内核的本质真实。阿城的剧本中极少书写理性思考的状态和情境，而是更加强调现世的真实反映，因此，他偏爱纪录的形式，参与制作过《盛世里的工匠技艺》《刘小东新作：多米诺》等纪录片。他还制作过一部关于云南马帮的纪录片，不过并未上映。阿城认为中国电影的性格是世俗，因此，其电影也往往不加美化、不予渲染，只展示真实的原貌。

电影《画皮之阴阳法王》中，洪金宝所饰演的太乙上人是一个英雄式人物，正是由于太乙上人的出手相助，书生王顺生、女鬼尤枫、道士玉清等人才得以被救生还。

对于太乙上人这个人物的塑造，阿城并未将其设定为不畏牺牲、英勇大义的完美英雄形象。人都有欲望，太乙上人也不例外，他极在意自己的道行，修炼已到极数，仍一心追求仙境。尤枫、玉清等人初遇太乙上人时，太乙上人虽得知尤枫被阴阳法王所害，却表现出事不关己的淡漠，甚至刻意隐藏身份。而后，因参悟到助王尤枫一力恰好可补全自己修为上的差缺，才转变心意。可以看出，太乙上人原有的利欲之心推动他有所取舍地选择，也正因如此，这个人物才显得更为真实，而非单纯神化的英雄设定。

同样的世俗精神使得阿城对《芙蓉镇》结局的改编也更加真实。古华的小说原著中，秦书田平反后当上了文化馆馆长。这种结局固然饱含温暖，给人以情感的慰藉，但若加以客观现实的考虑，秦书田多年积累的压抑和愤恨，作为知识分子的反思和坚持，历尽沧桑后价值观和世界观的改变，都令文化馆馆长的职位有些错位感。他无法忘记，无法原谅，但又只能接受一切，如同阿城小说《平反》中坚持"我就是右派，无反可平"的老母。在阿城的改编下，秦书田最终遵循自己的人格，放弃官职，回到原籍，无责、无问、无念、无畏地继续生活。这也是阿城作为一个历史亲历者的真实感受。

电影·态度是道德

见识过良知的泯灭和道德的沦丧，才会明晰温暖的可贵。阿城的小说或剧本，都可让人清晰感受到他深蕴于心的道德自觉。虽然他从未在文论中提到这一点，但就其作品书写的主题、表露的情感，可深切感受到一种对生命的体恤，对悲惨、戚凄、阴暗、不公的一切，他都给予同情和慰藉。虽然阿城认为电影的本质是娱乐，电影的性格是世俗，但在其电影创作中却始终包含着道德性的思想品质。这绝非是他有意构建看似高深的艺术性，相反，他本人似乎极反对为小说、电影增添思想的附加价值。因此，这种道德性他从未提及，但却在不自觉处实践着。

不同于普世的人文关怀情结以关怀人的生存境地和对于精神的重视、人格的尊重为核心，阿城所流露的道德态度更多在于一种天生本然、无师自通的是非之心，如《树王》中"我"对砍伐树林的悔悟之感。这种态度在阿城的电影创作中也有鲜明的流露。以前文所论述的《小城之春》为例，周玉纹对章志忱的欲迎还拒、章志忱在友情和爱情间的纠结顾虑，对人物情感的改编正是阿城内心道德性的外化表现。在电影《画皮之阴阳法王》中，阿城借《聊斋志异·画皮》这一故事的改编，再次流露他面对世风日下所坚守的良知。

不同于《画皮》原著,阿城在电影中开辟出一方隔绝于阴阳两界的地域,即阴阳界。投身于阴阳界的多为生前偷鸡摸狗、坑蒙拐骗之人。这些非人非鬼的阴阳人犹如现实中戴着虚伪面具的奸人,装腔作势道"穿上人皮就得有个人样",这是对于阴阳人的批判,也是对于人的讽刺。如女鬼尤枫所说,阳间的人身上有股子阳骚味儿,无论是拦路官兵的贪婪,太乙上人的自私,还是王顺生的好色,无一不展露着人世道德的虚伪肮脏。所谓"画皮",女鬼所披是画皮,法王附身的王顺生是一副皮,小鬼们附身公差披了人皮,结局中出生的婴孩是尤枫投胎,又是一副皮囊而已。充斥着阳骚味的人世,同样是虚假皮相的另一种表现。显然,阿城的改写比《聊斋志异·画皮》的批判和警世更为深刻,但是在重重鞭挞中,他却保留了一丝对人心道德的坚持。虽然知人知面不知心,许多皮囊下隐藏的是狰狞的邪恶,但电影中女鬼尤枫丑陋可怖的面目之下,却是一颗善良而美好的内心。因为保留着善良的期许,尤枫最终轮回转世为人,这是阿城出于内心良知对人世的体恤。

电影《芙蓉镇》作为历史的回声,描述了"文革"背景中一段光怪陆离的残酷现实。解放初期的湘南小镇,一众小人物跟随时代的波澜沉浮起落。在大时代观照的苦难中，胡玉音和秦书田无疑是最为典型的受难者，令无数观众同情。反之，电影中的大反派李国香是一个穷凶极恶的压迫者，她的恶毒甚至令人愤恨。但是在那个时代背景下，几乎没有人是人格健全而完好的，人性的扭曲并非只是个人所致，更是整个社会失衡状态下的整体灾难。每个人都是受害者。李国香虽然如恶魔般迫害胡玉音和秦书田，但其自身也饱受情欲的压抑，失去人性，完全沦为政治符号。基于对生命良知的呼唤，阿城在剧本的改编中增添了一个桥段，为李国香这个人物覆盖上一层体谅："文革"结束后，当秦书田在回城的船上重遇李国香，她羞愧地说："一切都过去啦，也许，我还能帮你什么忙。"这种转变并非完全来自秦书田身份的转变，更是由于时代更迭后李国香内心萌生的良知，是阿城对于人性和道德的修复。

历史的亲历亲见并未摧毁阿城根植于内心的良知，反而使他在时代的更迭中更加明白道德的珍贵。越是缺失，越为珍重。他对道德性的追求不仅蕴藏于小说的书写中，更流露于电影的态度里，呈现于生活的点滴处。道德性成为阿城电影中不自觉的价值追求。

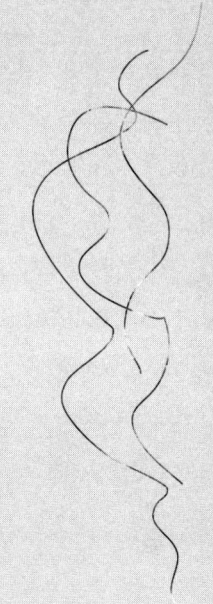

《遍地风流》:
曾被拒绝发表的文体

1984年,《棋王》如一匹黑马冲向了所有人的预料之外。随后,阿城的小屋内,求稿子的人纷至沓来,似乎要踏烂那门槛,一天喝掉四五斤茶叶,待客的面条永远备在灶台。或许阿城自己也未曾想到,仅用三天一气呵成的故事,竟让自己一夜成了名。那段时日,李陀也找上了门,他是《人民文学》北京部的负责人,同时又是阿城挚友。要知道,《棋王》的诞生,就是源自阿城与郑万龙、陈建功在李陀家涮羊肉时,衬着膻羊味边涮边侃道出了故事样貌,因太过精彩,三人鼓动阿城写了下来。李陀求稿,阿城自是竭力掏出自己的箱底。

然而,存货翻出,却被《人民文学》拒了回来。原因,说是社里不能确定那东西算不算小说。那东西,就是《遍地风流》的其中两篇。阿城无奈,他仅存着诸如此类的短小故事,都是知青时打发无聊的消遣之作。没人知道,《遍地风流》其实可以有另外一个名字——烟盒上的故事。农场劳作的日子太苦,烟盒倒成了难得的纸资源,为了不浪费资源,阿城充分利用烟盒写下目之所及的"人间",写着写着便成了瘾。有时大风来了,风吹着烟盒滚，阿城追着烟盒跑，追上了，一脚踩住！好了，又可以接着写了。巴掌大的地方，容不下一个废字，也正因此，那些故事精炼得让人惊叹。然而，这样的文体和当时流行的小说不同，不同则会招致异议，不是所有人都具备敢于与众不同的勇气。后来在一波又一波的求稿下，那两篇小文流去了《上海文学》，久违的文体样式一经发表，使阿城再次掀起热议。

依着《遍地风流》的筋骨，其线描笔法、简洁明畅的故事结构、对现实生活经验的实录精神、韵味的深长均与传统笔记小说一脉相承，如刘再复所说，"他的小说尽管在文学意识（对传统的态度）方面可以争议，但从美学上着眼，不能不承认他创作了一种不露声色、不露雕琢磨痕的文体，形成一种只属于阿城的独特格调"。[1]而其文白交杂的语言、对现代性审度而反叛的探索意识，又使阿城的文字在传统中生发出先锋意味，继而形成"新"意——或可称之为，新笔记文体。

另一种文化复归

在现有的文学史中，普遍存在"追认"的传统，即

---

[1] 刘再复：《面对新的文体革命》，载《上海文论》，1989年第1期。

先产生具有某些特征的文学作品,后赋予这些作品相应特征的文学姓名。新笔记小说同样未能避免这一现象。在汪曾祺的《故里三陈》《故人往事》,贾平凹的《商州初录》,何立伟的《小城无故事》,林斤澜的《矮凳桥风情》等一系列具有笔记体共性的作品发表后,1987年,李庆西书写文论《新笔记小说:寻根派,也是先锋派》[1],开始了对新笔记小说的最初研究。此后,钟本康在《别有洞天在人间》一文中沿用"新笔记小说"这一概念来评述具有笔记体艺术特质的当代作品,张曰凯主编《新笔记小说选》,对同类文体特征的作品进行集结整理。随后"新笔记小说"的概念在学界得到广泛的接受。

"新笔记体"作为小说的一种文体,虽然已经成为学界约定俗成的概念,但在权威的文学史中却身份不明。究其原因,首先是其概念的界定模糊而宽泛,未提出明确标准;其次,这一文体的实践者多是基于自身文化素养,而非受群体性的文学宗旨驱使,不曾有意带动浪潮,只作为散落在文学发展史上的一种现象存在;第三,新时期的文学场域瞬息万变,各种文学理论和流派丛生,"革命""寻根""先锋"等主要流派构成了文学史叙述的

---

[1] 李庆西:《新笔记小说:寻根派,也是先锋派》,载《上海文学》,1987年第1期。

主流，继而使其间隐藏的分支被忽略。虽然学界对于新笔记小说的研究还存在明显不足，但可以肯定，作为中国传统笔记小说的进化体式，新笔记小说一方面继承了传统笔记小说的艺术传统，具有对文化体式的修复作用，另一方面从古典诗歌、散文、史传、书画中汲取营养，衍生出更为丰厚的文化内涵。

想要辨明新笔记小说的艺术特征，将之与"寻根文学"比对是极有必要的。两者无论在发生时间还是在意旨追求上都存有亲缘关系，有交叉，有同构，又有区别。

李庆西作为新笔记小说的创作者和倡导者，同时也曾参与寻根文学的发生。他在"寻根"概念提出多年后指出[1]，当初的主要意图在于"寻找民族文化精神"，以获得民族精神自救的能力。这种说法虽有为"寻根文学"辩白的意味，但也说明新笔记小说和"寻根文学"的创作初衷具有相似性。对于二者比较明显区分的是刘再复在《近十年的中国文学精神和文学道路》中的论述，他将新时期具有民族文化流向的创作分为两种，一种是林斤澜、汪曾祺这些老作家，他们相信我国传统小说的艺术魅力；另一种则是"寻根文学"。两者的区别在于，前者"对传统的某些已经过时的观念采取一种赏玩的态度，

---

[1] 李庆西：《寻根：回到事物本身》，载《文学评论》，1988年第4期。

而不是采取一种批判的态度,即使有些地方批判了,也是一种淡淡的、玩味式的批判。"[1]他们对生活展露的情趣态度,有别于"寻根文学"所流露的批判意识。虽然刘再复并未对前者进行文学流派的界定,但是作为一种显现的创作潮流,新笔记小说已然取得了文学研究者的关注。

不妨大胆想象,如若新笔记小说作家群形成专门的文学流派,或许阿城在文学史中的位置将会发生改变,汪曾祺亦同(汪曾祺也曾被指认为"寻根文学"的代表作家)。相比"寻根文学",阿城所显露的文学特质实则更倾向于刘再复所论的新笔记小说。这也是在此区分新笔记小说与"寻根文学"的目的所在。

回顾历史,以孙犁、汪曾祺、林斤澜等人为先行者,一批作家在八十年代初开启了对于新笔记小说的有意尝试。然而,无论是孙犁、汪曾祺还是林斤澜,均具有深厚的传统文化背景。众所周知,汪曾祺师承于沈从文平和隽永的古典美学风格,孙犁和林斤澜也都是"旧时代"过来的人,作为八十年代的"归来作家",他们是重拾旧业。在他们的知识结构中,"文革"带来的断裂并未造成

---

[1] 刘再复:《近十年的中国文学精神和文学道路》,载《人民文学》,1988年第2期。

体系的遗失，因此，当时代的文化氛围回暖之际，他们纷纷展现出回望传统的创作趋势。在梳理阿城知识结构的过程中，我们已经明确，阿城的知识结构不同于新中国环境中成长的大多数人，琉璃厂的旧书摊和自幼家中的藏书弥补了时代的缺失。承接传统的文化背景是他区别于"寻根文学"而倾向于新笔记体创作群体的依据之一。其二，从作品的表达方式来看，相比于"寻根文学"作品中夹杂的意识流、东方魔幻现实主义手法等现代主义小说技巧，阿城显然更契合笔记小说的书写方式。

洪子诚编写的《中国当代文学史》中将汪曾祺作为"潮流之外"的作家予以介绍，并指出"他虽然被一些批评家当作'寻根'作家谈论，但那只是作品的意绪符合对于'寻根'的某种理论归纳"。[1] 在分析"寻根"与小说艺术形态的章节中，洪子诚又指出汪曾祺、贾平凹、阿城等人的共通之处，即师法朴素节制、清淡自然一脉，并将他们归结为"寻根"小说中"章法、结构、叙述方式，都可以看到向古代小说取法的情况"。[2] 虽然这两种划分方式有矛盾之处，但可以看出的是，洪子诚清晰地体察到汪曾祺、贾平凹、阿城不同于其他"寻根"作者的艺

---

[1] 洪子诚:《中国当代文学史》，北京大学出版社，1999，第331页。
[2] 洪子诚:《中国当代文学史》，北京大学出版社，1999，第326页。

术追求。这也展现出新笔记小说家与"寻根派"的区别之所在。新笔记小说作为一种与"寻根"缠绕、交叉的文体表现形式，同样构成着新时期中国文学界对传统文化的寻回之路。

早在1991年3月，阿城在寄于法国文学家杜特莱的一封信中就以大量笔墨谈及自己对笔记小说的选择。信中写道：

> 早先，笔记小说（essai ou note）在中国十分发达。在某些阶段，它的地位几乎与散文平起平坐……然而，笔记这一文类消失了。这是我想写笔记小说的理由之一。1984年，我开始一段一段地写我的《遍地风流》[1]。

这封信中，他清晰表达出自己对笔记体小说的确定选择，一方面是为了延续笔记这一文体；另一方面，是源于笔记文体同时具有诗歌、散文、随笔、小说的特征，艺术上更为包容。选择以笔记体为创作文体，不仅迎合

---

1 阿城的《遍地风流》一书由四个部分组成，其中"遍地风流""彼时正年轻""杂色"中的一些文章是阿城知青时期在乡下所作，《迷路》《傻子》《周转》《卧铺》《会餐》《树桩》几篇创作于1984年前后。

其承袭传统之意,"可以通过它把我们的许多遗产传之后世,同时可以在描写中超前进行各种各样的实验",[1]对文学、艺术的交融予以深入的探索,正如将音乐、美术、电影等艺术的表现方式融合于小说的节奏、笔调、结构、视角等当中。直至二十世纪八十年代文学恢复繁盛,阿城的目光仍常徘徊于笔记文体的发展。

除了主观意识,客观条件也是阿城选择笔记体的缘由。在阿城的知识结构中有大量关于中国传统笔记小说的积累。以杂文《魂与魄与鬼及孔子》一文为例,就由中国古代的鬼怪故事为源,梳理了诸多笔记小说作品,从魏晋志怪小说到唐传奇,感受到一派充满奇趣的天真。文中谈及蒲松龄《聊斋志异》、纪晓岚《阅微草堂笔记》、吴炽昌《客窗闲话》、俞樾《右台仙馆笔记》、梁恭辰《池上草堂笔记》、袁枚《子不语》等清代经典笔记作品。在《闲话闲说》中,阿城同样表示出对段成式《酉阳杂俎》、李昉《太平广记》、周密《武林旧事》、崔令钦《教坊记》等笔记作品的喜爱。在他如数家珍的叙述中,笔记小说似乎早已沉淀为独特的一脉,于是他将自己的喜好和经验炼化到创作中,形成自身的笔记小说风格。

---

1 【法】杜特莱著,刘阳译,钱林森校:《不可能存在的小说:阿城小说的写作技巧》,载《中国文化研究》,1994年第4期。

如阿城所言,"《阅微草堂笔记》的细节是非文学性的,老老实实也结结实实。汪曾祺先生的小说、散文、杂文都有这个特征,所以汪先生的文字几乎是当代中国文字中仅有的没有文艺腔的文字。"[1]他将这种朴实的书写方式同样运用于自身的文学创作中,所以有评论道,"《棋王》,可谓中国笔记小说底色,具'新文学'形式而已。"[2]

化传统为先锋

写作是门艺术,同时也可以是场游戏,高级玩家可凭着自身的喜好,将一个个方块字拼搭连接,构建与众不同的世界。就像开创者总要除旧布新,开辟新路,李庆西主张"新笔记小说"的价值便是如此——在高级的艺术层次上对小说技巧做出了富有诗意的概括,指出了小说叙事形态变革的可能途径,是实验性的作品,也是面向未来的先锋派作品。最显而易见的,《故宫散韵》与《画龙点睛》两篇当属阿城实验性的作品。

不同于以往的句式结构,《故宫散韵》中阿城似乎有

---

[1] 阿城:《常识与通识》,江苏凤凰文艺出版社,2016,第51页。
[2] 杨肖:《在笔记小说与现代小说之间——论阿城的"三王"》,载《南方文坛》,2018年第4期。

意彻底颠覆原本的短句节奏，以连续不断、绵延冗长的句子贯通全篇。而《画龙点睛》则像一场"换配方"的实验。开篇叙述"从前有座庙，庙里有堵墙，白白的好像缺点什么。庙里的和尚于是请来画家张生在这堵墙上画些东西。"随后，想象四散，发展出迥然不同的情节，令人玩味。除这两篇"异类"实验文体，阿城大多短篇都是套着传统笔记小说的外衣，又含揣着现代小说的观念和表现方式。

谈到中国传统笔记小说，它上起汉魏六朝，兴盛于唐宋，直至清末仍然盛行，容量之大可谓浩如烟海，杂列并陈，是中国文化宝库中的重要遗产。关于笔记小说的研究，历代则存在一个概念区分，即区分笔记与笔记小说。虽然有作品集将两者合编为一，但它们实际分属两种不同的概念。笔记，是对客观现实进行记录的一种文体，主要用以记载史实、文献、典故等，如唐代崔令钦以《教坊记》记述开元年间教坊制度、乐曲歌舞以及相关逸闻趣事。笔记小说，则是源于现实材料的文学作品，是小说形式的一种，包含作者的主观思想。《世说新语》之所以被认定为笔记小说，便是因为书中主要记录人物言行，但有所取舍选择，亦有渲染抑扬的文学性描写。

从内容来说，笔记小说被历代学者划分为志人、志怪两大类别。志人小说如刘义庆《世说新语》、纪晓岚《阅微草堂笔记》，志怪小说如干宝《搜神记》、刘义庆《幽明录》、蒲松龄《聊斋志异》等。整体而言，笔记小说主要具有篇幅短小，淡化情节铺陈、人物形貌和心理刻画，直线发展的故事结构等特点。在"笔记"的现实记叙和"小说"的自由创作中，笔记小说交融生成一种散文化倾向的创作形式。有学者评新笔记小说"一方面，它表现为对旧文体、旧形式的寻觅和利用，但并不意味着'旧瓶装新酒'，说'借尸还魂'也不完全恰当；因为，它另一方面所写的是当今的现实生活或今人眼中的故人往事，体现着新的时代精神和美学趣味，还包含着新的文体实验的意向。"[1]

《遍地风流》是阿城早年知青时期的创作，也是当代新笔记小说的典型之作、经典之作。李庆西在考察新笔记小说艺术特点时，将其概括为："一是叙述为主，行文简约，不尚雕饰；二是淡化情节、平易闲适，文思飘忽；三是取材广泛，涉笔成趣，富于禅机。"[2] 可以说，在审美特征方面，它基本沿袭传统笔记小说，但相比而言，

---

[1] 钟本康：《关于新笔记小说》，载《小说评论》，1992年第6期。
[2] 李庆西：《新笔记小说：寻根派，也是先锋派》，载《上海文学》，1987年第1期。

虽叙述简白,却要求一种空灵飘逸,虽结构随性,背后却是苦心的经营,整体具有"重感觉,少理念;重叙事,少抒情;重含藏,少照应"[1]的基本特征。而《遍地风流》中篇幅结构、叙述方式、文辞择取的有意经营,均可见其传统笔记文体面貌,内容题材又是对时代现状的创新书写,所折射的当代人文思考蕴含着时代的"新"意。

汪曾祺赞赏"宋人笔记无此功利的目的,多是写给朋友们看看的,聊助谈资。有的甚至是写给自己看的。"[2]《遍地风流》创作之初,便是完全没有发表意识的"自由写作",权当作文化贫瘠环境中的娱乐消遣,对外交流心绪,对内抒发情感。因为是"无意为之",所以"清淡自然",不顾虑社会反映,不迎合时代潮流,不符合政治概念,反而能将心灵浸入生活,表达所感。

既是文体,篇幅应是衡量的首要标准。传统笔记小说篇幅精短,如《世说新语》全书三十六门,一千一百多则,每则不过百字,最短一则只有八字"世目周侯:嶷如断山"。清代《聊斋志异》《阅微草堂笔记》每篇也不过千字,以精练峭拔,在有限的笔墨中开创无限的空

---

[1] 张国华:《我的老师汪曾祺》,民主与建设出版社,2015,第160页。
[2] 《中国当代作家选集丛书·汪曾祺》,人民文学出版社,1992。

间为特点。新笔记小说沿袭传统体式短小的特点,几乎所有标以这一文体的作品均为短篇。如同《遍地风流》中的篇目,便是以描述简白,篇幅短小却意味深长的语言,记述出时代中形色各异的人生面貌。除《节日》《傻子》《卧铺》《树桩》《周转》《迷路》《茂林》等后期的作品外,每篇字数均约一千上下。

因着篇幅制约,虽各家文风迥然,但新笔记小说语言通常有着简约凝练的特质,也正如此,才能有寥寥数语尽显风采之效。同时,新笔记小说的语言又极为追求韵味,是对中国传统语言古雅、恬淡、精致的精粹继承,也考验着作家的文化底蕴。陈丹青曾在节目中说,"三王"固然很重要,他非常偏爱的却是《威尼斯日记》和《遍地风流》。《遍地风流》是阿城语言精炼的一组小说,也是中国现代,特别是二十世纪八十年代后唯一与传统笔记体小说有所呼应的作品。如孔庆东对《湖底》一文的评介:"可以看出阿城在追求一种三板斧的风格,把一切能砍掉的都砍掉,连血带肉加大筋,全不要,干干净净地剩了副铮铮硬骨,多么古朴、多么苍劲、多么寻根!"[1]

在小说《观察》中,阿城仅用一百来个字,使文意

---

[1] 王蒙主编《全国小说奖获奖落选代表作及批评·短篇卷(下)》,湖南文艺出版社,1995,第1349页。

内涵发生多重转变,一不留神,好几个关节已经过去了,不仅章句精准凝练,字词的选用更有以一当十的风采。《大胃》中描写大胃异于常人的食量,将"二十四碗面条驱进胃里"。简单一个"驱"字,不仅联系起大胃放牛的苦活计,更说明他的吃毫无品尝过程,就像那食物不经口舌,直接灌进胃里,速度之快,食量之大,带着莽莽的生命气力。此外,阿城简练的语言风格还体现于小说题目,除后来收录的《故宫散韵》《画龙点睛》《你这个名字怎么念》,《遍地风流》中的其余六十六篇题目,都是两字,或取自主题意象,或直接引人名为题,全然没有"标题党"之流的浮夸卖弄,那看似如白水般的平实,却散发着香茗般发人深省的回味。

从表象而言,要明白新笔记小说"新"在哪里,还需清楚它在叙述结构方面的设计。一般而言,小说的情节结构通常包含发生、发展、高潮、结束四大过程,以因果逻辑关联情节,逐步展开叙述。然而,新笔记小说不追求所谓的完整和跌宕起伏,少悬念,没那么多戏剧冲突,多是平白的陈述或回忆。例如,《火葬》讲知青为郭处长火葬的前后,《布鞋》讲王树林到天安门集会的片段,《唱片》讲赵衡生学歌的契机。仔细想来,这些短篇几乎没有过多情节,而是些无关紧要的散淡叙述,将七零八碎的片段和细节融贯,浑然天成为一个故事,故事被诗化、散文化,强调的是情节背后蕴含的人性张力和文化内涵。

另一方面，新笔记体在叙事上淡化人物，不再将笔墨耗费于交代人物命运背景、心理状态等，放弃性格的追踪，而是通过简短的对话、动作的细节等完成人物塑造。以《仇恨》为例，文中交代老张和老李的朋友关系，只用了开头一句话，随后全篇都以两人的对话完成叙述。两人对话的细节，鲜明反映了老张的敏感、狭隘、计较，老李的耿直、客观、心直口快。借着二人的争执，人们在革命潮流中所被迫承受的道德压力随之流露，暗含着个人对时代与社会的厌烦和无奈之感。阿城擅于"流水账"似地记录人物言行，消解宏大的叙事结构，继而叠加片段和细节，达到以形传神的艺术效果。

从古至今，笔记小说家们向来将意趣作为文本艺术价值的体现。如《聊斋志异》《阅微草堂笔记》等志怪笔记小说，通过荒诞奇异且色彩绚丽的鬼狐故事，表达对封建社会的批判和人世德行的说教，有着丰富的想象和创造；《世说新语》《笑林广记》等志人笔记小说，则以记述奇文妙事、杂录琐闻，展现时代风貌和人情世故，兼有着横生妙趣和振聋发聩的认识价值。从汪曾祺的《受戒》到李庆西的《人间笔记》，新笔记小说虽然意在抒发警世说教的功用，但文本所展现的孩童般的天真美好或老者般的睿智通达，都可彰显作者们对生命情调和意趣的感知。基于相同的审美意趣，阿城在《遍地风流》中书写人间万象，表现特殊时代背景下弱小生命的无能为力和无可奈何，也在一些充满趣味的琐碎中挖掘幽默而深含讽刺的意味，就像《宠物》中生怕惊动了老鼠而蹑手蹑脚的金先生，《裤子》中把化肥袋子剪成裤子引领潮流的老万，还有《大风》中漫天松软大粪干的情景，《观察》中通过男性"打铳"辨别审讯时机的可笑理论等。这些取自生活琐事的趣味把玩，使小说跳脱出沉闷严肃的思想意义，更具有生活乐趣和黑色幽默的讽刺之意。阿城擅于并乐于将视线放置于生活细微处，他在杂文中所反复强调的世俗性，或许也出自同样的审美趣味。

时代的众生样本

时代精神和美学趣味是新笔记小说不同于传统笔记小说的"新"魂。《遍地风流》附着对时代风貌、社会生活的记录，人们往往忽略了它的另一层意义——史料作用。《遍地风流》蕴含的社会质感不仅是文本的人文底色，更刻着阿城真实的生活经验。从社会学意义上讲，它天然带有样本集纳的属性，特定时代的诸多现象随之被记录在册，普遍，客观，且典型。

梁启超认为，"中古及近代之小说，在作者本明告人以所记之非事实；然善为史者，偏能于非事实中觅出事实"，[1]说明小说具备一定的记录历史的功用。相对而言，笔记小说比一般小说更有纪实之用。上海古籍出版社的《清代笔记小说大观》系列丛书中将笔记小说定义为"泛指一切用文言写的志怪、传奇、杂录、琐闻、传记、随笔之类的著作，内容广泛驳杂，举凡天文地理、朝章国典、草木虫鱼、风俗民情、学术考证、鬼怪神仙、艳情传奇、笑话奇谈、逸事琐闻等等，宇宙之大，芥子之微，琳琅满目，真是万象包罗"。可见，笔记小说范畴宽广，内容庞杂，不仅具有丰富的文学价值，更可被当作辨明事实、增补阙失的史证材料，起到记录时代信息的功能，甚至对中国文学及文化的发展都具有深远的意义。人们往往能对历史的主流给予相应的重视，却容易忽视那些琐碎的、细小的、看似微不足道的细节。《遍地风流》所蕴含的样本集纳的史料价值，正是来源于它对时代大背景下小人物真实人生的普遍记录和关注。

陈平原曾评价："阿城在有意无意之间恢复了我们中国在叙事美学上非常重要的文类——笔记小说。"[2]然而，

---

[1] 梁启超：《中国历史研究法》，中国人民大学出版社，2012，第56页。
[2] 王德威：《抒情传统与中国现代性：在北大的八堂课》，生活·读书·新知三联书店，2018，第225页。

不同于传统笔记体作家的书写姿态,阿城以"吾少也贱,故多能鄙事"的态度,将"风流"二字完全下放到民间,在最鄙俗的事物上做起文章。阿城为我们细数了一众平凡如蝼蚁、残喘在伧俗粗粝的世事间的人,他们犹如时代浪潮中无足轻重的杂音。阿城的伟大正是在于记录下这些时代的杂音,由此将那些被主流所遗忘、遮蔽的小人物们拉回历史舞台,丰富那段时期的社会真实面貌。如书中"彼时正年轻"部分,共有十四篇短文,其中十一篇是以人物介绍的话语引起故事,通过对人的观照展现时代面貌。小说中描述了众多人像:有来自城市接受贫下中农再教育的知青,有乡野间土生土长的农民,有响应革命号召、意气风发的红卫兵小将,有在时代的混乱中苟且偷生的坏分子,还有那个时代的手艺人、知识分子、地痞流氓、赌徒、小贩等形形色色生存于同一片土地上的人。他们在相同的时代处境中,面临着各异的境遇,由此衍生出对于社会环境、制度、组织、政治号召、公众关系等情况多角度的反映,同时,还有婚丧嫁娶、风俗习惯、文化境况等一切与人类生活衣食住行相关的内容。阿城在众多普通小人物的日常际遇中,勾画出"文革"时期民间万象的浮世绘,展现"文革"时期的普遍社会面貌。

社会样本集纳的功用以普遍性为基础,以客观性为要求。从古至今，历史往往都是胜利者的一面之词，纵然如此，人们仍孜孜不倦追寻着历史的真实。文学虽然属于艺术表达，却依旧能蕴含通于现实的真实。

回望二十世纪八十年代的文学创作，以"文化大革命"为背景的小说屡见不鲜。但是，对于那段影响深远的历史，"新时期"文学的创作者们普遍难以抑制个人情绪，往往在作品中流露浓烈的主观情感，使得小说失去了一定的客观性。那一时期的作品，一部分选择在历史记忆中发泄对灾难的控诉，如卢新华的《伤痕》抒发对青少年灵魂扭曲和精神创伤的悲痛，刘心武《班主任》、孔捷生《姻缘》、张弦《记忆》等系列作品形成"伤痕文学"的潮流；一部分选择在历史责任的清算中进行思考，如茹志鹃的《剪辑错了的故事》书写"大跃进"的历史教训，在反思的深化中带动了反思文学的形成。不同于"伤痕文学"批评、贬斥的悲剧性基调，也不同于"反思文学"问责性的理性色彩，阿城的《遍地风流》尽量摒弃个人情感色彩，通过线描叙述，客观而细致地对时代中的生活细节作以记录。

细数《遍地风流》的所有篇目，几乎都寻不到情感的表达或形容，阿城的笔墨多集中于介绍人物，叙述情节，刻画动作、语言等，他以一个旁观者的角度，观察那个时代下的芸芸众生，不粉饰，不扭曲，不说教，不议论，只让读者按着自己的价值观念去感知、体验、判断，引起读者的现实感和共鸣感，由此达成叙述的客观性。阿城创作的那些故事中的人物，犹如时代中的典型"样本"，为我们展现出当时社会境况下诸多个体的典型情况。

通过几个文本分析，可更清晰地体察到阿城小说所表现的典型性。

《天骂》中，阿城描写了一种民俗，大概是家中丢了物件后，当家的女人站到房顶上扯开喉咙指天咒地，气势磅礴。神奇的是，丢失的物件往往真的就能被骂回来，那是因为偷盗的人受不了天骂那指桑骂槐的羞耻感。知青王小燕在这天骂中懂得了许多男女之事，污言秽语的咒骂逐渐抹去她的稚嫩。初来乍到，王小燕还保留着少女的纯真，保留着对于山野景象的好奇，对于生活的幻想，就连口出污秽的天骂她也觉得是嘹亮、机智、富于想象、经验老到、气吞太行的。然而，环境终究会在潜移默化中改变一个人，她留在村中嫁汉生子，内敛的少女在时代中，终会沦为天骂的泼妇，这独特的民俗成为间接改变人们心性的工具，表现出知青在时代环境中命运的无奈。

同样以表现知青生活为主题，《秋天》书写的是另一种微妙的心理变化。当知青在乡下消磨了稀薄的理想主义想象后，生存和精神的双重压力，使他们陷入危机。他们与贫下中农的关系迅速变得僵硬，思想发生隔膜，现实多有羁绊，于是生成一种隐形的恶意报复心理或无意识的反叛。在短篇《秋天》中，女知青宋彤所表现出的极端愤恨，就带有这种残忍的报复。宋彤撞破了房东家的"苟且之事"后，大张旗鼓将房东的媳妇吊起来批判，她冷酷地审视着瘦弱无助的女人，透出狠毒。虽然故事描述的是房东媳妇卖身被女知青抓获惩戒的事，却在言语间隐藏了诸多细节，流露现实的无奈和人性的扭曲。女人的脸血色全无，脊瘦的腰身甚至挂不住棉裤，丧失语言功能，只能呀呀地叫着。拾粪人的叹息中充满无奈，人们对某些丑恶肮脏熟视无睹，是穷困的生活让人们丧失了尊严和希望。而女知青宋彤，也由一个操着京腔的知识青年，逐渐丧失了原本的同情和良知，退化了高尚的情操，最终改名换姓嫁到了其他村子。

除了知青，还有几篇文章以"右派"分子为刻画对象。阿城所选择的"右派"多数是为人亲和的普通百姓，他们对待事情简单直接，不绕弯子。比如《平反》中的老册，在组织上为她平反时，她却坚持"我就是右派，无反可平。右派是一个派，左派也应该是一个派嘛，也许人数上多一点。"这种清醒的真实，不免引人思考，究竟如何划分派别？又如何判断派别的好坏？

关于创伤，阿城虽不曾直言疼痛，但他将伤痕具体到每个人物身上，使我们能感受到那个时代的烙印。《色相》中的老关在单位为人和善，唯独令人有想法的是他不合群，不和大家一起聊天。"文化大革命"期间，他曾因为一句话蹲了七年大狱，从此谨言慎行，说话成了他竭力回避的事，生怕不小心失言，再酿了祸灾。生活看似没有改变，但结了痂的疤，伴着他人不知的痛和恐惧，仍在老关的内心聚成一团阴影。老关热衷于"看"，看平凡的、新鲜的、奇特的、未知的一切，那是他对生命无常的惶恐，这惶恐藏于谨小慎微的细节处，隐秘且深刻。类似题材的还有《噩梦》，故事中的老俞虽然不是直接受害者，但曾经目睹非人的、扭曲的、残忍的迫害，对旁观的他同样打击甚深。也就是在那段岁月，老俞突然变得爱笑，且笑得大声，甚至令人毛骨悚然，可怜的是，他说"我也怕，我得笑，我一直做噩梦，笑了才好一点儿"。如孙郁先生所说，这些互不关联的作品，是串起来的立体的人间画卷，彼此是一个链条里的。这些故事是报刊不记录的片影，也非时髦诗人歌咏的意象。阿城在"立此存照"的写作中，给特殊年月的生活留下了社会学家要寻找的影像。

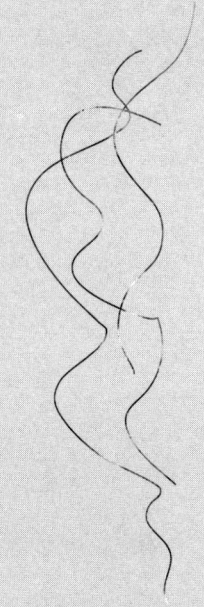

阿城的"古"话连篇

不记得何时，曾看过一个电影片段，大概是某个机灵神探，根据受害者收到的最后一条短信而抓到了真凶，究其原因，正是凶手在短信中的独特语言方式。同样的意思、同样的现象，换不同人表述，呈现的话就是不同。文学创作更是如此，语言风格简直像品牌标签，是一个创作者区别于他人最鲜明的特质之一。

虽然学术界习惯根据作品内容为作者划分流派，但对作者来说，内容不过是写作经验的部分体现，道行高的，都要追求个思想高度和艺术高度，语言则是体现高度的唯一途径。相比于普罗大众，文学创作者以文字构建世界，因而更需要对语言的敏感度、控制力，需要对文字的敬畏之心，通过对每个字词的精挑细选才能创造出理想国度。

纵观古今，文学作品的语言风格总是贯通着作者的灵魂风格，但凡文学史上举足轻重者，无不浑然成自身独特的笔调味道。犹如莫言所说，"一个写作者所使用的语言，应该是属于他自己的、这种语言能够同其他人区分开来。"[1] 所以有李白的豪放飘逸，杜甫的沉郁顿挫，白

---

[1] 莫言：《文学个性化刍议》，载《文艺研究》，2004年第4期。

居易的质朴直率，李清照的凄婉哀愁，各自在文学史留下属于自己的赤橙黄绿。同样，到了现当代文学，谈起张爱玲，便是绽放浓厚的绚彩之色；提到沈从文，便是质朴清新的湘西风情；聊起王朔，那口诙谐调侃的痞气京腔便会响起；念到贾平凹，浓厚方言的口语便弥漫开来。至于阿城的语言如何评说？我个人认为莫过于一个"古"字最适合。阿城的语言似乎有意抛弃了五四以来"新文艺腔"，它是"一点文言趣味，一点被摺荒搁生的古典白话小说笔调，在创作界普遍的熟语滥调间，自然令人觉得'生'、'新'"。[1] 那些隽永简白的半文言短句、"古"味深长的字词选择，塑造出与众不同的鲜明的语言风格。当我们明白了他文字内涵的"古"化美学，便能清晰何谓"阿城式"语言。

"众神归位"的字词

有人曾说，八十年代以来真正能使用汉语熟练写作的小说家，唯马原与阿城二人，莫言算半个，剩下的作家仅称为是用中文写作。虽然刻薄，但有理可循。

乍看"汉语"与"中文"两个概念，似乎无所区分，

---

[1] 赵园：《阅读人世》，南京师范大学出版社，2012，第111页。

都是用中国小方块字说的话。但掰开了细咂摸，这话中似乎更有深意：中文仅仅区别于外文，汉语却不止于此，更区别于中国的其他民族语言。在一个民族的传承发展中，语言凝聚着千载时光的积淀和历代智慧的滋养，汉语令人惊叹的特质所在，便是意蕴丰富、韵味悠远、表意精准。如此，它一方面造就了千百年来诗词文学的高峰，另一方面却也使人们对字词意义的拿捏愈发粗糙，数不清的字词被冲淡了本意。阿城语言的可贵之一，便是对传统汉语言的承袭。

凭借对语言文字天生的敏感，阿城不仅延续了中国传统文学的语言范式，体悟并发挥汉语的意境，同时极注重考究字词的本义。例如针对现代以来外来语的掺杂运用、汉语字词本义的发展变形，他注重在历史的梳理中，对当下使用的汉语予以复位性诠释。

对每一个功能健全的人而言，语言就像空气，甚至时常忽略了它的存在，我们表达情感、记录思考、与人交流，无不是以它为媒介。语言最基础的组成单位是字词，人们对字词的选用，往往是随大众的普遍用法进行的惯性选择，极少考据其本义。类似如今的网络造词，荒诞却带着新意。久而久之，字词的部分原有内涵逐步流失，汉语中一些原本熠熠生辉的部分，也随之褪去了颜色。

随着时代发展，人们的生活习惯有所改变，语言的使用方式也悄然演变。社会中，事物、现象更迭变换，一些字词的意义随之扩大、缩小、弱化、转移，总之变了模样。就像"卑鄙"一词，它本是褒义，有谦虚之意。"卑"为卑下，指地位不高，"鄙"意为浅，形容身份低微、学识浅薄，所以《出师表》中有言"先帝不以臣卑鄙"，到了今天，却变为形容语言行为恶劣、不道德的贬义。与"卑鄙"含义的变化相似，"风骚"本是意指《诗经》的《国风》和屈原的《离骚》，原本泛指文学，如今也多被形容轻佻的举止，大概和浪荡、水性杨花等词更为亲近。由此可见，字词意义的演变是一种普遍存在的现象，人们往往忽视其本义。倘若人们任自使用，想必不需要很多年，一些汉语字词产生的缘由、本义，及其蕴含的历史，对社会发展的记录，都将消失殆尽。

阿城在语言的修炼中，把自己化作了"字典"，细腻考究着字词的本义。《闲话闲说》中，他谈及历史上汉字变化和新词流入的几次高峰：第一次是佛经翻译，"菩萨""罗汉""金刚"等新词随之而来；第二次是元杂剧吸收游牧民族的语言，留下"呼啦啦""滑溜溜"等生动的叠音；第三次是近代外来语的流入，于是"共产主义""社会主义""主席""传播"等词纷纷从日本搬移了来。历史的漫长流变，阿城涉身其间，为汉语意义的复位不断尝试。

无论创作中或生活中,阿城总能选择最精准的表达。他不善理财,被人唤为"败家子"却不同意对方用这个词形容他,且要指正:

> 败家子,指的是有祖产的一个家族或一个家庭,到了某一代,这一代的长子,长子是有权经营分配资源的人,他将家业败掉了[1]。

阿城不是长子,无权分配家庭资源,更没拥有哪怕微薄的祖产,所以不具备"败家子"的任何条件,转而,他称自己是理财盲。都是形容不善财务,两个词的意义却有很大区别。或许有人觉得,这样说话未免有些钻牛角尖,但正是他谨慎而严苛的选词用字,才使一些字词得以恢复了原本之义。

1984年,阿城第一次到香港,看到街上香港人行色匆匆,于是记录下他们的姿态。如何描述?

> "趋"是小步疾走,很古的恭敬走法,穿和服的日本妇人就是"趋"来"趋"去,香港人是大步疾走,

---

[1] 阿城:《脱腔》,江苏凤凰文艺出版社,2016,第22页。

可又不是跑,算是"疾行"吧,疾行的程度到了开门后不管后来人。[1]

潦草两句区分了趋、跑、疾行的细微差别,形容恰到好处,不多一分,也不少一分。有人赞誉他为"名士",他不以为喜,反而在意着概念的误差,矫正起来:"在体制里反体制,这叫名士。《世说新语》里记载的那些人都有俸禄,是体制中人,然后做些放浪形骸的事情反体制。"[2]

在小说集《遍地风流》中,类似情况屡见不鲜,无不是对字词意义的强调:

> 毌丘在古代是复姓,后来分开姓毌姓丘。——《平反》

> 癖,就是改不了的病。——《洁癖》

> 释,就是释迦牟尼,佛祖,所以,释名就是和尚尼姑的佛教的名字。——《觉悟》

---

[1] 阿城:《香港与清朝》,载《书城》,1998年第7期。
[2] 李宗陶:《阿城:要文化不要武化》,载《南方人物周刊》,2006年第18期,第47页。

> 补靪的历史很长,当然这意思是说由现在向古代追索,长得找不出补靪始于何时的证据。也有将"补靪"写成"补钉"的,但"钉"的历史短于"靪",而且"补钉"说的是另外的意思。——《补靪》

小说中这些无关主题的随口道来,却蕴含着阿城对字词意义固执的坚持。他试图书写一些文字原生的知识,不仅接续着历史的脉络,更使文字生发出他自己的性格,令人起了兴趣,玩味其间。

追寻汉字意义的复位,是阿城语言"古"化风格的表现之一,另一方面,他又倾向于保留汉字原本的繁体造型,珍视它内涵的人文价值。

自二十世纪初新文化运动轰轰烈烈地展开,人们顺应新旧交替、变更之势,提出废除繁体字和文言文,自此,汉字经历了漫长的改革。1909年,出版家陆费逵首次公开提倡使用简体字,随后,以鲁迅为先锋的一批作家积极推动白话文、大众语写作。新中国成立后,为了进一步提高民众的识字率,一系列汉字简化方案出台,至1986年,国家语言文字工作委员会最终确定了《简化字总表》。虽然化繁为简是时代的大势所趋,但其中蕴含的弊病,如汉字的表意性被削弱,切断传统文化的传承,违反六书造字原则等,使得大批学者发声呼吁——复兴繁体字。如今，纵然汉字繁简之争已然消退，但关于文字的传统之思，仍令阿城耿耿于怀，如他在《关于汉字的思考》一文中所言：

> 对汉字的认识，从人文的角度，需要宽容，繁、简、正、俗，显示了丰富的时空痕迹，都记录着社会人文器物理念等等信息。仅从方便快捷与否去逞一时之胜，在文化上终究是小器导致小气。[1]

阿城以历史性、发展性、客观性的目光投射于文字造型，指出简体字虽有方便快捷的一时之便，却泯灭了繁体字广博深远的文化内涵，文字不再单单作用于交流记录，更承载起宏大的文化意识。如此理解，是他对先祖文明的崇敬，也是对汉字"古"化的认同，所以又强调，"中文字一路发展到现在，本身早已经是一种积淀了，随着文化人类学的发展与发现，这种积淀是一笔财富，一个世界性的大资源。"[2]

实际上，无论是对文字意义的复位性尝试，还是对繁体字造型内核的强调，都根源于阿城对文化的溯源意

---

[1] 阿城：《脱腔》，江苏凤凰文艺出版社，2016，第23页。
[2] 阿城：《脱腔》，江苏凤凰文艺出版社，2016，第93页。

识。这种溯源意识更蔓延至文献的考证、风俗民情的追寻、各类艺术史的梳理，包括《洛书河图》对造型符号的研究，《昙曜五窟》对佛教文化演变的整理等。

一半文言一半白

阿城用字，常含着几分庄重、谨慎、严苛，无论对字词的择取，对语言效果的拿捏，甚至对用字用词的强调，似乎都是细腻感知后的结果。所以陈平原说，"真正把小说作为'语言的艺术'，像古代诗人那样炼字炼句，虽是平常字眼，可显得特别来神，在20世纪中国小说家中尚不多见。而刘鹗、废名、汪曾祺、阿城的小说语言都是第一流的，经得起一读再读。"[1]

说到文学的"腔调"，阿城曾在文论中多次讨论，他评说，新文学初期的白话语言，多是半文半白，或翻译体或学生腔，例如郭沫若是学生腔，汪曾祺的文字，几乎是当代中国文字中仅有的没文艺腔的文字，而自己早年的《遍地风流》，做作的"诗"腔外露。对于现当代作家所效仿的海明威、福克纳式语言，阿城也尖锐揭示，

---

[1] 陈平原：《陈平原小说史论集（下）》，河北人民出版社，1997，第1445页。

其实大家学的,不过是中文翻译者的语言。自五四时期形成的翻译文体,极大影响了随后白话小说的范式,众人往往误将翻译者的汉语文字功力当作了西方文学本典,学成了翻译腔,残雪、格非、余华等作家的"先锋文学"语言,正是笼罩在翻译腔阴影下衍生的现象,现代汉语失去了节奏,粗劣的翻译有不可推卸的责任。在阿城的观念里,语言即文化,好的翻译可将他类语言传达出彼文化的神韵,而不失自身文化的精粹。他由此评判"翻译家里好的有傅雷翻巴尔扎克,汝龙翻契诃夫,李健吾翻福楼拜等等。《圣经》亦是翻得好,有朴素的神性,有节奏。"[1] 此类均为好的翻译文体,而非翻译腔。究竟何谓"腔"?不妨体会一下另一番论述:

> 我读小说,最怵"腔",古人说"文章争一起",这"一起"若是个"腔",不争也罢。你们要是问我的东西有没有"腔",有的,我对"腔"又这么敏感,真是难做小说了。一个写家的"风格",仿家一拥而仿,将之化解为"腔",拉倒。[2]

---

1 陈平原:《陈平原小说史论集(下)》,河北人民出版社,1997,第118页。
2 陈平原:《陈平原小说史论集(下)》,河北人民出版社,1997,第147页。

由此来看，所谓文艺腔、学生腔、翻译腔、诗腔、闲书腔，是指对以往文章某类风格、感觉的刻意模仿。语言的腔调则源自作者的熏陶积累，虽然阿城自言《遍地风流》"诗"腔外露，但纵观其语言文字，更可体味到鲜明的"古"化风貌，在文白交杂的运化间，生成雅俗共济的美学韵味。因此，诸多学者高度肯定其语言、修辞上的造诣。

传统文学范式中所讲求的"句读"是以文字出发，整篇句词结构形成一个交际单位。若将整篇文字划分为大大小小的长句短句，为了读着便利，句的长短通常不会有过大差异，一般三五字，多则八九字。意义允许的情况下，一字停顿，也可单成一句。阿城的语言正印合了古代"句读"的结构宗旨。他运用大量文言笔法，以顺畅的短句为结构，糅以文白相间的语言，继而形成近似于古汉语的语言效果。这是他文字经验沉淀的结果，也是自主的审美选择。

《棋王》中，捡烂纸的老头传授王一生棋运造势的学问的片段，是这样叙述的：

> 阴阳之气相游相交，初不可太盛，太盛则折。折就是"折断"的"折"。我点点头。"太盛则折，太弱则泻。"老头儿说我的毛病就是太盛。又说，若

对手盛,则以柔化之。[1]

在此,阿城本就是借传统道家阴阳之气的理论讲述棋运和棋势,"相游相交""太盛则折,太弱则泻""以柔化之"等浓重文言书面语的运用,增添老者道学高深的渊博之感,突显人物的神韵。与之同理,阿城描写地区冠军老者的语言,同样施以浓厚的文言意味:

"后生,老朽身有不便,不能亲赴沙场。使人传棋,实出无奈。你小小年纪,就有这般棋道,我看了,汇道禅于一炉,神机妙算,先声有势,后发制人,遣龙制水,气贯阴阳,古今儒将,不过如此。老朽有幸与你接手,感触不少,中华棋道,毕竟不颓,愿与你做个忘年之交。"[2]

虽是老者口语,阿城却运用了大段强烈的文言语言和典型四字结构,这种表达方式极虚而极活,带有朦胧缥缈之感,似乎句句涉及棋局,而又似乎句句不在棋局,

---

[1] 阿城:《棋王·树王·孩子王》,江苏凤凰文艺出版社,2016,第15页。
[2] 阿城:《棋王·树王·孩子王》,江苏凤凰文艺出版社,2016,第54页。

戏剧性地扩展出其精神深度。看似突显老者自誉庄重、典雅的性情,实则暗讽老者故作玄虚的姿态,强化人物形象。

抛却人物塑造的因素考虑,文中依旧存有大量文言味的表达。如王一生替老头儿撕大字报时:

> 不料有一天撕了某造反团刚贴的"檄文",被人拿获,又被这造反团裁诬于对立派,说对方"施阴谋,弄诡计",必讨之,而且是可忍,孰不可忍![1]

文言式的书写,使整体的声调抑扬顿挫,和谐流畅,体现构词的对称,又表现情感的真切,增强了语言的美感。

在文言语言系统中,单音节字是最基础的表意单位,到了现代汉语,双音节词则变为了普遍现象,例如"日"变为"太阳","目"变为"眼睛","食"变为"吃饭","勿"变为"不要"等。阿城的书写中保留了大量单音节字的运用,甚至将许多名词性、形容词性的单字动词化。按王安忆的理论,动词是语言的骨骼,是最主要的"建筑材料",它最没有个性,没有感情色彩,没有表情,

---

[1] 阿城:《棋王·树王·孩子王》,江苏凤凰文艺出版社,2016,第7页。

正因如此,它也才可能被最大限度地使用。阿城的叙述便是以动词为基础,不同的是,他用动词使文辞变得生动、确切,值得玩味,同时彰显出文言的遗风余韵。

依旧以《棋王》为例。王一生在总场偶遇众人,"就横过街向我们跑来",不说"横着穿过"而只用单音"横";一众知青去河里洗澡时,"太阳垂在两山之间",不说"垂挂"而用单音"垂";车轮大战结束后众人往回走,"光亮一直随着","画家急忙把一些画儿藏了",分别用单音"随"而不用"跟随",用单音"藏"而不说"藏起来"。

灵活的单音词不仅传神描绘出人、物的情态面貌,更利于增强表达效果。如倪斌讲到倪祖"常在荒村野店投宿,很遇到一些高士"。"很"本为表示程度的副词,在此却被用作表示"时常"的时间状语,与众不同的变用,生发出独特的效力,比"经常""时常"显得更有张力。

无论是句读标点,还是文言话语,或单音节词,阿城对文言语言范式的运用,不仅使小说增添了"古"意,更是对古汉语基因的继承,使人们"感觉到古汉语在现代小说里再生的可能"。[1]。

---

[1] 蔡翔:《此情谁诉:中国知识分子的历史性格》,浙江文艺出版社,1994,第255页。

民与俗的活泼生命

二十世纪八十年代文学中,众多作家的语言或深受英语行文的体式(翻译体)影响,或开始尝试以大众化、口语化的语言写作。王朔最早开始彻底颠覆毛文体和翻译体的语言风格,贾平凹、韩少功、李锐、莫言等作家则相继创造出一批蓬勃生长的方言小说。夹杂在语言潮流变革的缝隙中,与同时代人相比,阿城的小说俨然展现出别具一格的文言风貌,因此被评更民族化,也更母语化。然而,这并不代表阿城的语言文字全然一副庄重深邃之态,反之,更多时候他在这些奥古意味的文言中间夹杂诸多民俗口语,甚至最俗白的骂言,看似风格陈杂,变化无常,却在"民"与"俗"的点缀间消解了文言的严肃感,使人感慨其语言情态之丰盈"有汪曾祺大夫气、王朔痞子气和孙犁的隐士气"。[1]

在色彩浓厚的民间大地上,俗语自然生长,散发着最活泼的生命力。阿城怀着他钟爱的世俗文化,从山野村落和市井街巷的凡俗生活走来,虽然他不像郑义、史铁生等人,将方言民歌大量带入小说,但在那些"动听"

---

[1] 李瑾:《纸别裁》,山东画报出版社,2017,第215页。

的描述中，亦可寻到诸多民俗的"余音"。犹如汪曾祺笔下的绘画和戏曲，在阿城的小说中，也有一种独特的存在意象——"歌"。

《孩子王》中的老杆儿和来娣爱歌，他们共同为学生作了一首口水式的"班歌"；《洗澡》中的骑手动情时，望着远去的女子唱出"呼伦贝尔之歌"；《唱片》中的赵衡生，爱唱各种戏；《树桩》里的李大爹，总将那山歌喊得俏皮鲜活；《周转》中的山民们，一众活跃起来，总伴随着咿咿呀呀的民歌。

民歌作为民俗文化重要的组成部分之一，或生于劳作的土地，或长于劳作疲惫的闲暇间隙，寄怀着人们的所思所感，是强烈的现实主义作品。由于民歌通常是口头创作，又没得记录，只能口口相传，所以那语言总是通俗、明快、生动、泼辣，带有一种活泼的生命力。阿城小说里的"歌"，大概都是如此，它们化作传统文化与民俗文化的替身，借着那些充满意趣的词，寄寓阿城对民俗语言的喜爱之情。

喜爱总会令人跃跃欲试，终归上了手，才算过了把瘾。悄默默地，阿城为两首歌作了词，都是有浓厚民俗气的曲子。一首名叫《哥哥撑排走丹江》，赵季平作曲，吴雁泽演唱，是电影《月月》的主题曲。

歌词（节选）唱着：

妹妹和我相印着喽

撑排千里不算多

哪天妹妹上了岸唧儿呦

哥哥我跟着歌儿过嘛

哎，哟哟嗬嗬[1]

电影《月月》的剧本，是阿城根据贾平凹的《小月前本》改编的。故事中，在时代变换中的秦岭之地，农民的生活处于落后和进步的夹缝之间，月月身在其间萌芽了爱情，却为爱纠葛，不得圆满的选择。于是，阿城在歌词中，运以最通俗的语言，突显率真热情，散漫出秦岭地区质朴洒脱的山野之风。

与之类似，阿城作的另一首词，是崔健演唱的《城市船夫》。这首歌原本叫《川江号子》，是仿照四川、重庆一带的传统民歌形式"川江号子"改编而来的，保留了民歌原色，添了现代元素，表现出高亢激昂的铿锵之力，像澎湃的生命乐章。歌词似乎以赞美黄河中的船工为本意，呼唤健康昂扬的生命动力。

歌词（节选）为：

---

[1]《百姓的事儿牵着走：赵季平影视歌曲65首》，人民音乐出版社，2002，第14页。

黄河上渡过了一辈子

（太阳是纤绳哟）

浪花尖上耍划子

（拉着一江水走）

双手摇起了桨杆子

（水流东去哟）

好像是天空里的鸽子

（老子要你回头）

太阳是纤绳哟

水流东去哟

老子家在江头

老子家有好酒

江水流不到头

牵绳离不开手

明天再也不走

好酒一杯不留

仍是最简白的民俗话语，加上"哩""呦""喽""嘛""嗬"等叹唱，民间那股子醇厚的生活质感随之而出。

歌词里，通俗、简白的口语令人亲切，小说中，阿城有意书写的话句同样有此风味，那些最无以为奇的烟火气，也是每个人都可感同身受的世俗味道。看阿城的小说，时常觉得像有人在饶有兴味地讲着故事，声情并茂，娓娓道来。他习惯叙述着故事里那些人的话，只是借逗号将说话之人点明，如此，便使叙述被赋予了口语色彩。例如《回忆》里写的，大多数复员兵"七弄八弄，也都结了婚"，只有老实的大李没找到对象，被分配到伙房。于是：

>当了干部的复员兵到领导那里，说，为什么叫大李去伙房？大李以前在精锐部队，起码可以在保卫科干干吧！这么着对待大李，不合适吧？党的政策不是这样的吧？
>
>领导说，伙房不重要？阶级斗争，要天天讲，月月讲，年年讲，有人下毒怎么办？我们信任的同志，我们才分到伙房去。[1]

这完全口语化的叙述，生动传达出干部复员兵和领导的态势——好像能看到复员兵义愤填膺、据理力争的模样，而领导立刻驳斥，情貌虚情假意，随即，文字被镀上了一层温度和情绪。

此外，在叙述中加入些骂人话、低俗词、黑话，更

---

1 阿城：《遍地风流》，江苏凤凰文艺出版社，2016，第151页。

凸显出纷纭世相，使叙事更显得随意、机智，有讽喻，有调侃。例如《阴宅》，放眼望去多是以对话完成的叙述。故事里，老刘、小刘、大韩祖上都是盗墓出身，三人合作盗墓，小刘年轻气盛，干起活来骂骂咧咧。"小刘接着掏，说，老狗日的，你别以为我掏不着大闺女。你奶奶的窟窿，我不稀罕的掏。"下墓后，小刘又说，"老兔崽子，你记着，最值钱的我随身带上来。"骂，显出小刘的心浮气躁，相比资历最深的老刘，他又带着毛头小子耍奸溜滑的小心机。也正因小刘城府不深，最终，他被从头至尾几乎一声未吭的大韩永埋在坑下。

有时候，"骂"代表了一种状态，有时候，骂中又可见民间之爽直泼辣，可见性情之酣畅痛快，可见妙趣横生的一片洋洋景观。例如《大胃》中大胃高声叱骂成年的牛：

> "张某李某……个王八蛋脔出来的死样……去后沟收拾苞米……再不出来老子捏稀……孙某……你的卵……再去寨子去借风箱……你凶你凶我看你再凶……"[1]

---

[1] 阿城：《遍地风流》，江苏凤凰文艺出版社，2016，第100页。

五花八门的骂语，中间充斥各式各样的意象，不知大胃是骂人还是骂牛，耐人寻味。同时，"骂"也描绘出大胃疯癫般的状态，是对乡间身份卑贱、闲散无束的人们的生存样貌进行的真实写照。

另一方面，阿城的小说之所以渗融着鲜明的口语特质，应当与他的讲述习惯密不可分。在朋友间，他素来被称为"最会讲故事的人"，无论是知青时期夜半灯下的经典，还是后来的妙语连珠。谈到阿城聊天的能力，王朔奉他为圈子中的主侃人，梁文道在节目中感叹，没听过阿城讲故事，那可是终身抱憾！实际上，《棋王》最初的诞生，也是阿城和李陀、陈建功、郑万隆吃涮羊肉时讲述的故事，后来大家纷纷劝说，他便落笔写成了《棋王》。《洛书河图》和《昙曜五窟》更是他在中央美院授课时讲课的记录。可以想象，阿城文字的口语化倾向，或许正是源于对日常口语的自然书写，无心栽柳，柳却成了阴。

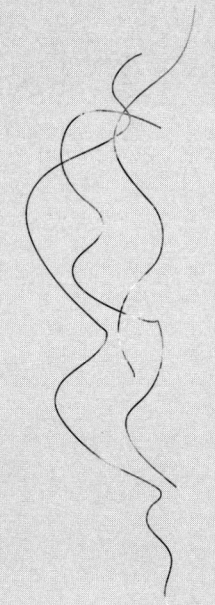

意象・氛围・生命

诗意对小说而言像三月春风，带来生命，又似仲夏夜的细雨，静润万物，如无形的气道贯通于文字，却能焕发出别样的力量。阿城的小说中弥漫的是一种上承古典诗学意象、下接世俗诗性人生的诗意美感，不仅于此，这股诗意之美还生发于创作之源，延伸至生活的态度和观念。

马克思书写文学批评原则时指出，文学应当接近真实和实际领域，而不应漫无边际地飞驰遐想；文学应具有形式、尺度和凝练；人们可以从伟大的文学作品里觉出一种真正的诗意。[1]可见，诗意是伟大的文学作品必不可缺的素质。在中国这个"诗的国度"，人们更是惯于将"诗意"作为评判小说的艺术标准。陈平原在《中国小说叙事模式的转变》中分析，五四作家、批评家喜欢以"诗意"许人，似乎以此为小说的最高评价。[2]正是在那些或

---

1 【英】柏拉威尔著，梅绍武、傅惟慈、董乐山译：《马克思和世界文学》，生活·读书·新知三联书店，1980，第26页。
2 陈平原：《中国小说叙事模式的转变》，北京大学出版社，2003，第225页。

明亮、或平淡、或颓废的诗意书写中，铸就了鲁迅、废名、沈从文、张爱玲、郁达夫等一代文学大家所开创的辉煌时代。

所谓诗意，是小说所继承的中国诗歌的审美特质，它不止于诗歌所表达的性情心态，更在于其中营造的感觉、氛围，模糊而又无以言表，却能产生一种冲击心灵的力量。承袭中国诗歌的传统在现当代小说的书写历史中虽有断裂，但仍保留了下来。南帆认为，"中国当代文学中，诗对于小说的大规模入侵出现在二十世纪八十年代初期，这在很大范围内导致了作家的小说实验兴趣。一时之间，小说的传统叙述方式骤然瓦解了。大量诗的观念与诗的技巧有意介入并且改组了作家熟悉已久的'叙事'。情调、意绪、气韵、意境、瞬间印象，这些诗的臣民大批进驻小说，安营扎寨。"[1]

作为八十年代文学的代表人物，阿城始终因自觉的传统文化意识为人称赞。这种传统文化意识不仅表现于作品书写的文化观念，更体现在作品所蕴含的艺术特征内。基于长久以来对传统诗歌的热爱和研究，阿城在创作中时常自觉地或无意识地流露出浓烈的诗意叙述特征。他以文字编织意象，在营造的氛围中表达感觉，抒发情

---

[1] 南帆：《冲突的文学》，江苏大学出版社，2010，第195页。

感,开创意境,这也使得读者在读他的文章时有着独特的带入感和体验感。

孔庆东说:"语言上向古诗词中的无我之境靠拢。在这方面,应该肯定,阿城取得了很大的成功,甚至比有意要用唐诗格调来写小说的何立伟还要高出一筹。"[1]季红真评论《树桩》时说:"作者在这一个虚与静的氛围中,集结起饱满的情绪张力,像宇宙时空般永恒的生命价值的意识,便从平凡有限的人生具象中缓缓升起,暗示出丰富的语义内容。大有'不著一字,尽得风流'的诗学境界。"[2]潘文峰评论《遍地风流》时说:"这些描述世俗日常生活的小说直至现在仍然保留着当时流行文学无法比拟的诗意。"[3]在小说的诗意书写上,阿城显然是道高一筹。

诗意人生

1999年冬,阿城与众多知名作家相聚在四川成都郫县,开展一场关于"诗意的年代"的讨论。参与者有林白、

---

[1] 孔庆东:《47楼207》,中国文联出版社,2012,第141页。
[2] 季红真:《宇宙·自然·生命·人——阿城笔下的"故事"》,载《读书》,1986年第1期。
[3] 潘文峰:《论阿城小说的启示》,载《文学评论》,2007年第3期。

陈村、徐星、须兰、赵玫、方方、丁天、王朔、马原、棉棉、余华。虽然这次笔会以电影《小说》(The Obscure)[1]的拍摄为契机，但作家们的讨论始终真实地以自我认知为中心，衍生出关于时代、经济、个体生命等众多因素与诗意的关系的讨论。

讨论中，每个人对诗意都有不同理解。陈村认为由虚无的追求变为在破碎混乱的现实中寻找趣味更具诗意；方方将当下生活比喻为打油诗，认为经过岁月的沉淀，可在回忆中品味出更深刻的诗意；丁天认为物质和金钱的需求似乎将现代生活中的诗意消磨殆尽了，当下拥有一辆车是诗意；王朔则提出人生沉沦到底、打破限制才能看到诗意，才能感受到不同寻常的人生。还有马原"无用的人生"的诗意、林白以个人意识为中心的诗意等等。相比大家以自我生命体验为依据表达关于生活中诗意的思考，阿城的论述则更具史味，旁征博引，展现出别样的诗意。他以古代"歌咏言，诗言志"为依据，说明诗区别于歌，并非直接情感的抒发，而是在行文中产生一种不能用语言表达的东西：意象。这种无法清楚描述的

---

[1] 电影《小说》（又名《诗意的年代》）由吕乐导演，1999年拍摄后并未上映，2007年入围第64届威尼斯电影节地平线单元，获"最佳影片"提名，同年于第31届香港国际电影节首映。——编者注

意象，便是中国诗歌传统中所展现的诗意。以阿城所言，当代诗歌的没落，源于当代小说成为时代新意象的载体。自清末开始，经五四新文学、新时期文学等阶段，诗意早已融入描写当代生活的小说中，现在任何生活都会产生诗意，且不论它是善、恶、好、坏、有德、非德，终究是存留在我们生活之中的。

在杂文《诗与歌不同》中，阿城对诗和意象的概念做出更为明晰的阐释："中国很早就对诗另有独特的要求，才产生了歌与诗的本质区别，即诗须产生意象，以至'诗言志'的传统虽然还在，但对什么是诗的判定已转为'产生意象的抒情散文才是诗'。"而他所谈及的意象，并非是现代汉语中一般所指的物化的艺术形象。"什么是意象？意象就是韵文词句排列后，碰撞出一二不能再用其他语言叙述出来的东西，比一般说的感受、情绪要高的东西，王国维称它为'境界'。"由此而言，诗意应是根植内心、发乎情而产生的一种感觉和境界。王昌龄在《诗格》中提出物境、情境、意境三个概念，将对于物、情、意的表现明确指向为相关的境界，即由意象衍生出的诗意。阿城的整体创作意识正是在这种诗意的艺术特征上建构起来的。

在阿城的知识构成中，《诗经》和《史记》是极为重要的组成部分。他曾说："于是凡有关《诗经》的书我都买,历年积有四十多本。"[1]而在诸多文章和访谈中,阿城更是谈及自己对于《史记》的理解和偏爱。他在与法国汉学家杜特莱的通信中写道:"中国文学传统基于诗,而散文文学传统则基于《史记》,《史记》是具有文学特点的各种描写的开端。"[2]《史记》对浩瀚历史长河的鲜活书写根植社会生活的繁杂人事,意在传达千百年来传统文化思想的气韵和灵魂,其诗意的表达让后人在千百年后仍能真切感受到人物充沛的情感,遂得鲁迅"史家之绝唱,无韵之离骚"的盛赞。正是这些厚重的文化沉淀,使得阿城在创作中愈加注意自己对于感觉、意象、氛围的诗意把握。他自己评价《遍地风流》系列短篇,因为是少作,所以"诗"腔外露,做作得不得了。可见阿城自知,并是自觉地在书写时埋下诗意。

阿城不仅将自己的诗性观念运用在文学创作中,看待其他文学作品,他也常怀诗意,例如分析《红楼梦》之所以成了古典小说的顶峰,是因"曹雪芹将中国诗的意识引入小说"。他对现当代文学创作的评论,同样以诗意为尺:湖南的何立伟是最早在小说中有诗的自觉的;

---

[1] 阿城:《脱腔》,江苏凤凰文艺出版社,2016,第135页。
[2] 【法】杜特莱著,刘阳译,钱林森校:《不可能存在的小说:阿城小说的写作技巧》,载《中国文化研究》,1994年第4期。

山西的李锐、北京的刘恒则是北方世俗的悲情诗人；南京的苏童在《妻妾成群》之前，是诗大于文。他评价汪曾祺的《受戒》是一种恢复了诗意的散文小说。而朱天文的《荒人手记》，有点像李贺写诗。孝贤的电影语法是中国诗；而费穆的《小城之春》，张爱玲的《太太万岁》，石挥的《我这一辈子》其实是西方诗和东方诗的混合。其中，阿城对何立伟的小说《白色鸟》评论最为细致："何立伟属于开始发表作品就是成熟的作家之一。他的成熟表现在他的小说有一种诗意，所说的诗意当然不是七八十年代充斥中国小说的文艺腔，他的小说中的诗意属于中国古典诗歌中那些典雅生动的意象的当代表达。这篇小说的诗意人物与环境，隐藏着一个残酷的事实，所以小说结束时，你当可体会为什么小说通篇笼罩在'正午'这样一个反差强烈的意象中。"[1] 由此可见，阿城对传统的诗意表达怀有一种近乎虔诚的喜爱。

与同时期的文学创作者相比，阿城始终坚守着对于古典文学的承接和延续，这也是学界普遍将其纳入"寻根"作家的原因之一。无论在其创作中，还是在相关文学讨论中，阿城始终不以主观色彩影响他人，尽实客观展现真实，透过气氛的烘托、意象的摘取，促使人们联

---

[1] 阿城：《脱腔》，江苏凤凰文艺出版社，2016，第64页。

想或思考,展现出他对于古典诗意的完美诠释。

表于意象,融于氛围

阿城仿若一位内功深厚的绝世高手,云淡风轻地描述出一个故事,却能产生触动心灵的力量。他牵引着读者,在一步步行进间凝起一团云雾,聚集起人们的思绪和情感,直到故事结束,又用一枚无形的针扎破气球,云雾散去,于是人们也在解脱中体味到一种诗意。

诗意不仅存在于诗歌的意象,更融汇于氛围。如同李清照的"寻寻觅觅,冷冷清清,凄凄惨惨戚戚",虽无物可循,却能在言语的氛围中感受到彻骨的悲凉。关于诗意的氛围表达,古人在《诗经》中便早已有运用。《诗经》中所使用"兴"的表现手法,便是先言他物以引起所咏之辞,产生一种氛围为主题服务。如"关关雎鸠,在河之洲"或"桃之夭夭,灼灼其华",借河间啼鸣相伴的雎鸠,营造出柔情的暧昧之意,由艳丽明媚的桃花,烘托出浪漫喜悦的氛围。不同于诗歌的是,阿城在小说中表现出的,并非某种单一的纯粹的感念,而是糅杂着许多不同的、微妙的、复杂的意象,只能在妙不可言的氛围中体悟诗意的印记。

《树王》是阿城代表作"三王"中诗意最为浓重的一

篇。小说通篇笼罩在一种凝重的氛围中，以树、人、生命、良知奠定了主题的基调，运用神秘主义气氛的营造，牵连起树与人之间无形的羁绊。

带着温热脉搏的群山和大树，供养着无数飞鸟走兽的生命。信奉革命号召的大好青年们，却不明自然的力量和规律。随着以李立为首的知青们大肆砍伐山林，破除迷信，推进新建设，逐渐激化起与肖疙瘩的矛盾。肖疙瘩的心怀愧疚，突显出知青们对于革命指令的盲从。最终肖疙瘩用生命为代价抵抗，唤醒了"我"与读者们的良知。当"数万棵大树在火焰中离开大地，升向天空。正以为它们要飞去，却又缓缓飘下来，在空中相互撞击着，断裂开，于是再升起来，升得更高，再飘下来，再升上去，升上去，升上去。"震撼的诗意带动出一种沉痛的意象，仿佛有一种东西也从心底里升腾起来，在胸腔膨胀，沸腾拥堵在喉咙间，几乎喷涌而出。

小说结尾，肖疙瘩尸骨上生出片片白花，"也能看到那片白花，有如肢体被砍伤，露出白白的骨。"看似苍白实为厚重的意象，将人与自然合二为一，酿就出纠葛的迷茫、惆怅、困惑、苦痛、醒悟，带来解脱，并留下不尽言表的诗意。故事戛然而止，凝重的氛围却笼罩心头，久久无法挥散。

《遍地风流》中更可清晰察看到小说意象的诗意表

达。王德威在北大授课时，曾以阿城的《遍地风流》为例，讨论"抒情传统与中国现代性"的课题。他直言，"对我而言，我觉得阿城的成就更在于这一本薄薄的《遍地风流》上"，这本"新时期以来的一本奇书"是"我们讨论中国现代抒情创作的非常重要——而且是一个必要——的部分。"[1]"抒情传统"，于此便是诗意。阿城将氛围融汇进数百字的短小篇幅之中，使每一个故事都独具神韵，又有震撼人心的力量。精准而节制的语言，几乎不带有任何主观色彩的描述和形容，还现实以真实，却能让人感受到溢出纸面的情感，蕴含着厚重的诗意。好的短篇应该是"空山不见人，但闻人语响"，《遍地风流》如是。

"彼时正年轻"和"杂色"两部分中，读者可感受到一种蕴含着时代留下的伤痛的氛围。几乎每篇小说都描述着日常的事物：大门、布鞋、宠物、提琴、大风、白纸等，这些看似无足轻重的意象，却能引申出那个年代在人们心中留下的烙印伤痕。如李星所言，阿城"写文革而不着眼于它所造成的伤痕，而把它们化为一种沉重的时代气氛、艺术氛围"。[2]他着眼于那些无足轻重的普通

---

1 王德威：《抒情传统与中国现代性：在北大的八堂课》，生活·读书·新知三联书店，2018，第227页。
2 李星：《大山的沟回——读阿城的〈棋王〉〈孩子王〉〈树王〉》，载《小说评论》，1985年第12期。

故事，却总能让人在出其不意的转折中猛然警醒。

陈丹青曾说，看他的小说你要当心，一不留神，好几个关节已经过去了，并以小说《观察》为例，说明阿城用仅仅一百来个字，使文意内涵发生多重转变，奇特而充满民情气味的题材，表现得格外精彩。阿城在诸多短篇中，都心思巧妙地蕴藏着转折性的奇遇，先言他物，承起一种氛围，随后在鲜明反差的情节转折中带来冲击般的震撼。如《春梦》，童年时萌动的爱情散发着甜美的味道，顾安直对晓霞青涩朦胧的情感，却在荒唐的时代中变为侵犯她、毁灭她的缘由。结尾写道："晓霞光着的两条腿上是第一次的血，苍蝇飞起来的时候，没有血的地方是安直梦里的白。"现实的残酷与梦境般的美好形成强烈反差，红与白的色彩交叠，涂抹出浓厚的沉重氛围。

鲜明的反差引人深思，戛然而止的结尾同样令人感到意犹未尽。阿城常常突然为故事画上句号，然而那余韵却如同回荡在山谷的声响，萦绕耳畔，引发回味和深思。《小玉》中，和满街走的女孩子都差不多的小玉准备去插队了，孤身一人的她不愿放弃一直相伴的钢琴，众人费九牛二虎之力将琴拆开托运，最终却因螺钉丢了，钢琴变为一堆废品。最后一句写道："拉弦钢板靠在队部的墙上，村里的小孩子用小石头扔，若打中了，嗡的一声，响好久。"钢琴的嗡鸣声最后仿佛回荡在耳边，激起人们沉痛的忧思和对于文化断失的遗憾。对于小玉而言，钢琴是她父母离去后与她成长相伴的精神寄托；对于时代而言，损毁的钢琴则表现出那个荒诞年代里文化的断裂，一切由古至今人们所传承的文化，都渐渐变为堆砌在角落中的废品，变为无用的存在。另一篇小说《大门》中，阿城以一座寺庙的大门和象征中华民族的滔滔黄河展开对文化的思考，在两种传统文化意象的交织回响中，展露那个时代对于青年思想和古老文化的迫害。

《遍地风流》的每篇故事，几乎都有一种氛围贯通始末。地球物理专业的挖煤工，黑脖子黑脸唯有屁眼儿是白的；山气日夕佳的秋天，被批为流氓的农妇却冻得奶头青紫；庄严肃穆的天安门广场，王建国终于站在五星红旗下，却是撒着尿流着泪；一顿饭一斤半的大胃遇得机会到粮库上班，却离不开家里的母牛；养不成宠物的金先生最终与一窝老鼠为伴；还有火葬郭处长时烤熟的黄豆、孙仁之收到的莫名其妙的白纸、张武常那张绣着毛主席诗句的被子等等。阿城以"吾少也贱，故多能鄙事"的态度，将"风流"二字完全下放到民间，放在最鄙俗的事物上做起文章。故事中那些不雅、残暴、惨烈的场面，实则是阿城所刻意使用的另一种抒情方式。"他必须要写到这么粗俗，这么狂野，才能用来作为某一种抒情艺术形式的反省，以及对文类本身的批判，以及接之而来的超越。"[1]如王德威所言，"故事在这里成为一个'衍生的抒情美学'中的一种渡口"，[2]如《一千零一夜》般为我们讲述一个个寓意深刻的故事，铺就一张张走向不同的支脉，触及世间百态的纷杂人生，归根结底却凝汇于同一根筋骨，诉说着沉痛的哀思，在蔓延的诗意中寻探那个年代留下的印记。

文字是感觉的诗意流露

阿城的小说之所以给人震撼，是因他所讲述的、描绘的，并非刻意造作，而是内心感觉自然的诗意流露。他的文字极少直接表露情感，无论高兴、悲伤、愤怒、激动，统统被化在琐碎的意象和细节中。所以阅读他的文字，总能在不知不觉间感受到淡淡的沉重，仿若"大漠孤烟直，长河落日圆"的悲凉壮阔，不直言心，却由意象的碰撞激荡出不言自明的情绪。

在创作中，阿城将诗意融汇于自身生命意识，那些

---

[1] 王德威：《抒情传统与中国现代性——在北大的八堂课》，生活·读书·新知三联书店，2018，第228页。

[2] 王德威：《抒情传统与中国现代性——在北大的八堂课》，生活·读书·新知三联书店，2018，第229页。

澎湃的情感、厚重的体验、幽深的思考，经由故事散发出来，通过文字连接到读者的内心，产生感同身受的共鸣。这种饱富诗意感觉的生命意识，不仅存在于他面对万事万物思考的角度、态度，同样影响了他书写情感体验的方式。

对学者而言，每个文本都有特定的结构、主题、思想内涵等标识。对作家同样，似乎每一段创作开始前，心中亦已勾画草影，带着某些既有的目标或设定。某些规划好主导性人物、情节、情绪的作品，着意掌控着读者的视野，鲜明而强烈地将那些观念、情感、思想灌输于人，如《伤痕》《班主任》。也有某些作品诞生前，就带有先天的意志或目标，如韩少功意在记录和描述在马桥发生的一切，并有意采用新的手法和结构进行叙事，所以形成《马桥词典》中小说与散文、甚至与理论的结合。

然而，对阿城而言，写作并非是一件带有既定构想和目标的事。文字只是表达情感的工具，情感才是小说的内核。他的作品不同于现代派丰富的技巧性表达，运用结构主义、意识流、梦幻等艺术方法吸引读者；又不似王蒙在《来劲》《十字架上》等故事中不加设计、肆意混乱的语言堆砌，阿城只是以最简单直白的线性方式表达，顺时推进，始终由状态牵引着故事自己发展，而非刻意编排情节随着环境前进。

阿城自言，他的写作方法，就是无关方法，而是将整个的心理现实和心里经验糅合起来，提炼出自己的心理状态，以字词符号的组合流淌而出。读者之所以在阅读后产生了或喜、或怒、或哀、或痛的情感，是因为感受到文章所传达的状态感觉，这种状态感觉的形成正是基于他诗化的生命意识：

> 我自己写的时候有种状态……你起先也不知道要写点什么，你也不清楚要说点什么，但是有一种欲望，就像肚子里在练气功，从丹田里开始走气了，走上来走到四肢；或者就像里面的水慢慢满了，到这儿就要流出来，就有状态了。但一切都是比较模糊的，不能用逻辑去把它分解开，那么坐下来把钢笔打足了水，把挺白的纸给摊开，［车站是乱得不能再乱］，就这么写下去吧，基本状态还是写写写，写到气数已尽，气完了，就结束了。[1]

模糊而非逻辑性的创作，恰是经由文字，对感觉状态的诗意流露。如王晓明所言："在具体的描写上，他

---

[1] 阿城：《谈谈我的创作》，载《香港文学》，1986年第4期。

总是注意记述原始的感觉,尽量摒除理智的分析和判断。"[1]反观"彼时正年轻"及"杂色"诸篇可以发现,那些故事蕴含的情节都并非带有逻辑性关联,所述之事也似乎并无明确的主题,更像人间百态的片段与掠影,只是隐隐地,就有一种感觉升腾而出,将人不自觉引向深思。

"彼时正年轻"及"杂色"部分的开头,几乎都是由一个人名讲起,敦敦实实,不耍花腔,做一句真实的介绍。《小玉》开头是:"温小玉,一九六八年的时候十六岁。"《觉悟》的开头是:"觉悟是老俞的释名。"《噩梦》的开头是:"老俞爱笑,没有什么可笑的时候,老俞也是笑笑的。"简短的介绍性文字,如同在宣纸中央落下清晰的一滴墨,随后自然地晕染开来,后来甚至衍生出一幅壮阔浩瀚的图景。顺着作者的状态前行,我们看到温小玉在铺着素花被面的钢琴上熟睡的模样,看到觉悟蓄着头发和人解说自己名字的模样,看到老俞几近痴狂的傻笑模样。这一切看似不正常的状态,却都在阿城的书写下,逐渐展现出别样的意蕴。小玉的钢琴在上山下乡的过程中,如同那个时代任何具有文化印记的事物一样,

---

[1] 王晓明:《不相信的和不愿意相信的——关于三位"寻根"派作家的创作》,载《文学评论》,1988年第4期。

丧失了意义和价值；觉悟诚心修行后终成高僧，最终却无法理解现世中"提高共产主义觉悟"最浅白的道理；老俞那不合时宜又令人心惊胆战的大笑，原来是"文革"中为缓解噩梦落下的毛病。在作者的感觉状态的牵引下，我们逐渐将故事看似简白的外衣剥离，深入到那些关于时代、关于人性的主题，体会到发人深省的力量。倘若在结尾处直接道清原委与情感：小玉仍伤痛着废坏了的钢琴，觉悟仍忧愁着理解不了的道理，老俞仍恐惧着记忆里的痕迹，故事所蕴含的丰富意味将荡然无存，也必将打破沉淀的那股诗意。所以才有人对阿城评论道："读他的小说，很难把握以因果为序的线性情节，使你不释于怀的，往往是那些难以复述的琐屑之处。然后，这些看似无关紧要的细节，却像水渗沙地一般，不知不觉地浸透了你的意识。当合上书页时，那些零星的画面、破碎的对话、微妙的神情，竟自动在你心里连缀成一种完整的人生况味。"[1]

所谓一千个读者便有一千个哈姆雷特，阿城的自然书写总是展现给我们以一个现实。他不加形容，不予置评，任由读者根据生活经验和情感体验获得各自的感受，

---

[1] 苏丁、仲呈祥：《论阿城的美学追求》，载《文学评论》，1985年第6期。

享受一种诗意的阅读。

生活的诗意情怀

阿城的诗意不仅融汇于作品文本之中，发于创作的过程之中，更延伸至他生活的态度里。正是由于他秉承着对生活的诗意情怀，才使得他的作品展现出一种超脱功利的、充满古典意趣的境界。这种对于生活的诗意情怀，最集中地体现在《威尼斯日记》里。

与其说《威尼斯日记》写的是威尼斯的风貌民俗，不如说它写的是阿城关于生活的态度、意趣，借威尼斯蜿蜒的河流、杂错的街巷、别致的钟楼、华丽的建筑影射出来，弥漫着艺术的芬芳。阿城在世俗日常的生活中，揉进想象性、隐喻性的思考，为客观世界覆盖上一层诗意的色彩。

《威尼斯日记》是阿城受威尼斯市官方邀请旅居三个月中所记录的随感。日记的形式更为真实而细腻地展现出阿城的思维印记和切身感受，让我们更好地体会他对事物的观察角度、文化心理构成和独特的审美方式。阿城对艺术仿佛具有天生的敏感，他总能将东方、西方、古典、现代各方艺术融通，寻到关联。例如他说"威尼斯像'赋'，铺陈雕琢，满满荡荡的一篇文章"，其中掺杂着歌剧、雕塑、咖啡、电影、《教坊记》《红楼梦》、甚至 NBA 赛事等众多关于艺术和世俗生活的内容。那些对于西方艺术形态的所见所闻总能引发阿城对于中国古典文化的联想，并提到诸多充满趣味的冷知识，虽然看似无章法可循，却能令人从中感受到一种源自心灵的飘忽的诗意想象。

阿城生活中的诗意情怀不仅体现于丰富的兴趣，更体现在他对事物的观察和捕捉中。在观察中体味生活，在思考中幻想出关于生命的诸多趣味，这种精神自足式的欢乐或许源自知青时期苦中作乐的习惯。

年轻气盛的阿城曾游荡在云南偏远的边境小镇，每日劳作、放牛，现实的贫困却换来了相对自由的精神世界。在阿城的回忆中，似乎总能出现他仰望着天空发呆的场景，实则他的头脑中或许早已展现出一片意趣盎然的景象。在平淡的生活中发现趣味，在闭塞的环境中享受自在，独创一方诗意的世界，阿城将情怀变为习惯，延续至随后的岁月中。在《威尼斯日记》中更随处可拾见他的诗情趣意。"那个倾斜的钟楼，钟敲得很猖狂，音质特别，是预感到自己要倒了吗？我特地穿过小巷寻到它脚下，仰望许久。它就在那里斜着，坚持不说话，只敲钟。它大概是威尼斯最有性格的钟楼。"阿城将威尼斯广场上的钟楼比作一个独特的、猖狂的角色，接连用"预感""不说话""性格"等拟人化的词汇赋予钟楼以人格色彩,仿佛两个生命的对视交流。他特意穿过小巷寻到钟楼脚下,仰望,观察,对事物的好奇感,亦是他生活中诗意情怀的展现。诗意不仅限于生活中对于艺术、文学的多种体验,更深植于他的灵魂,反射在看待事物的角度和对世界的感受。还有那些生动形象的比喻:"肖邦弹琴的最大音量,是中强(mf),而我们现在从演奏会得来的印象则肖邦是在大声说话。""当年画毛泽东像只能用暖色,搞得老人家像个没人敢吃的龙虾。"阿城将通俗的事件加以趣味化的形容,带来令人忍俊不禁的幽默。抛开现实的诸多束缚,阿城总能在头脑中开创出一片属于自己的诗意栖居地。

从创作到生活,阿城上承古典诗学意象、下接世俗诗性人生,秉持正统"史"味诗学传统,深入观照到自身文学创作的点滴之中,以"语言的外在律动与作品氛围的内在律动恰到好处地发生了共鸣"[1],传达出他所追求的感觉和境界。无论是感觉自然流动的书写方式,还是生活中无所不在的诗意情怀,阿城的"诗意"已然根植于生命生活,绽放于文学创作所表达的情绪感觉之中。

---

1 苏丁、仲呈祥:《〈棋王〉与道家美学》,载《当代作家评论》,1987年第2期。

其文中对于意象氛围的刻画,总能在故事结束后让人体味到一股撞击心灵的力量。在阿城的脚步中追寻诗意,不仅让正统诗学传统复位,更让我们体味到内心自由、灵魂丰富的人生美学意义。

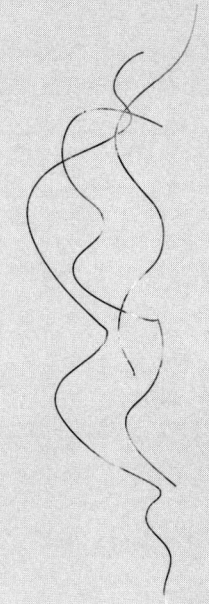

若为自由故

分析文本，可窥探作家对文学笔法、技巧、结构乃至思想神韵的把握，而文论则能显现文化根底、艺术修养、知识结构等内涵。依前文略显粗糙的论述可知，阿城的思想根植于中国传统文化，其构成庞博繁杂，贯通古今中西。其中有一些元素混杂着，例如自由思想、萨满文化、人文视角和科学思维等。它们支撑起阿城文论话语的骨架，又如同繁星，弥漫四布，贯穿始终。有朝一日，若你见了阿城，不妨从此中挑些话题聊，相信他定会乐于打开那话匣子。

生活中的阿城像一个道骨仙风的名士，在混沌的世间开辟一方自为天地，常常乘兴而来，兴尽而归，享受生活，怡然自得。孔子尊崇"从心所欲不逾矩"，主张遵循限制，却在限制中争取自由最大化，阿城亦是。

阿城喜欢一句禅言：平常心是道。他参与画展，却在众人以为他只懂画时，甩出小说一鸣惊人；在众人沉浸于并继续期待着他的小说时，他又转身投奔了电影。在美国的年月里，他让人不可思议地刷墙、做木匠、组装汽车，构建自由而有意趣的人生。谈到赴美的初衷，他则坦白，

"我的选择是自由度吧,我以前那些出身不好的朋友到西方,我觉得我们差不多,无所谓建功立业,也无意打入主流什么的。就觉得:没人打搅,这儿歇歇挺好的",[1]大有孔子"饭疏食饮水,曲肱而枕之,乐亦在其中矣"的状态。由此可以理解,他之所以在声名鹊起时,挥挥衣袖不带走一片云,不过是因为,若为自由故,一切皆可抛。

至于这样选择的缘由,又要翻翻前账——阿城的出身使他习惯处于社会边缘,知青插队一竿子支去了千里外的云南,回城后很长的一段时间里依旧被挤在体制之外。受三十多年的惯性驱使,无论身体或心理,他早已习惯了自由。正是他自由的状态和姿态,一度让人误将他归为道家。然而,阿城始终不以为然。

阿城不善为自己解释什么,却曾为自己正名:"大概是《棋王》里有些角色的陈词滥调吧,后来不少批评者将我的小说引向道家。其实道家解决不了小说的问题,不过写小说倒有点像儒家。做艺术者有点像儒家,儒家重具体联系,要解决的也是具体关系。"[2]这当然不是非此即彼的界定,但从他后来常常谈起的话题中可明晰,他

---

[1] 查建英:《八十年代访谈录》,生活·读书·新知三联书店,2006,第65页。
[2] 阿城:《棋王·树王·孩子王》,江苏凤凰文艺出版社,2016,第170页。

追寻的精神更偏向孔子,大概是自由,是"从心所欲不逾矩"的自由,也是"仁者"的自由。

从心所欲不逾矩

时至今日,关于孔子的研究已然浩如烟海,举凡成长于中国文化环境中的人,或显性或隐性,无不受其文化思想的影响。在阿城的思想体系中,孔子绝对是无法绕过的高地,从中不仅可见阿城对孔子天道观、人性论、思想主张的理解,更可窥探到他和孔子契合的内在精神。阿城将这些悄无声息地糅合于创作和生活,与生命意趣、人生哲学共鸣,协奏出关于生命观的宏大乐章。

台湾作家唐诺写过本《人间孔子》,他在书中说,孔子是一位通达、幽默、理性、谨慎长远的智者,而这些特性,同样在阿城身上有所闪现。在他认识的人中,阿城是感觉像孔子的人。闻者不禁咋舌。

隔着两千五百年还多,阿城与孔子有什么共通之处?细想来,大概是,两人都以读书为趣,构成着自身学习、思索、看待世界的基本方式;都以遍行天下的经历,构成着人生际遇;都以丰富多彩的能力,促就着现实求生的本事。孔子的入世理想"是我们一向误以为他道不成要回身隐遁的那部分,游山观水、乘槎浮海,回到他所属民间社会的从来之处,这才是他真正乐趣所在",[1]正如阿城一直以来对充斥着温热烟火的世俗的迷恋。阿城与孔子的思想冥冥契合,二人流露出相似的人生哲学,与现实生活相交织。

任何领域,都怕一种"和稀泥"的事儿——概念混淆。孔子和儒学,压根两码事。依照阿城追根溯源的执拗劲儿,他所思考探究的,从来不是当下文化圈流行的儒学风尚,而是拨开历史的虚壳,避开意识形态下万花筒般的演变,拨出孔子思想最原本的意思,他称之为"原儒"。

强调"原儒",是为了与儒学区分。当代中国的文化建设,以儒学最具代表性,它映衬着时代价值,构筑着民族精神,促进着社会和谐。不可忽视的是,历史的洪流难免冲刷掉了一些"颜色",孔子当初主张的思想学说几经改造,演变为今日儒学。阿城推崇孔子的"原儒",糅合着他自身的理解见地,倘若以"儒家""儒教""儒学"等概念定义之,则是误读。阿城读孔子,不单纯是读原典,而是放置于时间场域,读时代和时代中的思想。积蕴越厚,感受的变化也越明显。

历史总会在后人的回望中发生形变,历史人物在时间中的定位,总带着后来者的观念和需要。千百年来,

---

[1] 阿城:《常识与通识》,城邦出版集团,2001,第7—9页。

孔子的历史地位随着时代的推移不断嬗替更迭，或被尊为前无古人后无来者之圣人，或沦落至封建毒瘤遭受冷遇奚落，神化或鬼化，美化或丑化。不同时代的主流话语都常常将其作为政治斗争的理论来源，奠定社会变革、思想政治运动的基调，赋予他不同色彩或色度，往往使其样貌面目全非。董仲舒神化孔子，使汉武帝独尊儒术；朱熹渗透杂糅佛、道的宗教思想，使之形成儒教系统；五四运动打倒孔家店，终将孔子拉下神坛。政治气候的影响，掺杂口口相传，使得孔子的思想言论多番遭受异化。"举凡孟轲、荀况、董仲舒、韩愈、程颐、程颢、朱熹、陆九渊、王阳明直至康有为、章太炎、孙中山所描绘的孔子，所阐释的孔学，都不是原来面目的真孔子、真孔学"，[1]这也使得阿城不得不多次发出"将孔子与历代儒家摆在一起，被误会的总是孔子"[2]的感叹。只有经由《论语》《孔子家语》《史记·孔子世家》等原始文本，从中根据自身的价值取向，得出喜欢或厌恶、认同或批驳的认知态度，才是最为可靠的。

阿城对孔子的赞誉是发乎情而深于心的。

---

[1] 姜义华、张荣华、吴根梁编：《孔子——周秦汉晋文献集》，复旦大学出版社，1990，第 2 页。
[2] 阿城：《闲话闲说：中国世俗与中国小说》，江苏凤凰文艺出版社，2016，第 26 页。

阿城在《魂与魄与鬼及孔子》一文中写道，"我喜欢孔子的入世，入得很清晰，有智慧，含幽默，实实在在不标榜。"[1]《闲话先说》中，他再次表白，"我个人是喜欢孔子的，起码喜欢它是个体力极好的人。"[2]查看种种文论，谈及音乐、绘画、学习、礼教、制度、教育、烹调、世俗、哲学、《诗经》、文化与武化、理性与本能、自我意识等各类话题时，阿城均论及孔子，范畴之广，频率之高，可想而知孔子对其思想的影响根深已久。

除了有教无类、道德仁义、中庸之道等思想，阿城对孔子有着更深邃的认识。他明确于孔子文化觉醒的时代意义，认同孔子主张礼法下的理想社会关系，更与孔子在精神追求上产生和鸣。

1949年，德国存在主义哲学家卡尔·西奥多·雅斯贝尔斯在《论历史的起源与目标》一书中提出"轴心时代"的概念，公元前500年前后，因一批伟大的思想家的诞生，推动人类文明进化脱离原始巫文化，这就是人类文明的轴心时代。华夏文明完成由殷商巫文化到春秋战国百家争鸣的历史性突破，便是孔子等哲学家的作用。

1　阿城：《常识与通识》，江苏凤凰文艺出版社，2016，第58页。
2　阿城：《闲话闲说：中国世俗与中国小说》，江苏凤凰文艺出版社，2016，第26页。

阿城将孔子视为与亚里士多德、柏拉图等西方思想家同列的"轴心时代的觉醒者",并强调,早在巫的时代,孔子便已自觉"子不语怪力乱神",突破之前人类的知识系统和经验系统,形成理性思维的觉醒。还原到历史的语境,人类在巫文化时代处于集体无意识的状态,孔子以"仁"启发人们内心的价值观,以"道"隔离怪力乱神,开天辟地般发掘出人类个体层面的思想意识,推动华夏文明的裂变是多么难能可贵。[1]看到欧洲中世纪以来宗教问题一千年的肆虐,我们更当感激孔子为中国文明奠定的无神基调。相较于开创儒家学派的成就,阿城能够看到孔子文化觉醒的意义,视角更宏大,也更具时代意义。

阿城识得的孔子是伟大的思想者,也是社会的教化者,他如知音般痛惜孔子对于心中理想社会的求而不得。

在阿城的文论中,他反复强调"文化"与"武化"的对立,便是对孔子提倡的礼法制度的另一种注脚。成长过程中,阿城深感社会"武化"造成的阴影,如同孔子面对的春秋晚期的政局动荡。与孔子相似的人生体验,使阿城体悟到礼法教化的重要。《文化不是味精》中对武化的控诉、对文化的追寻,就是对孔子礼法理想的思辨认同。

1　阿城:《文化不是味精》,江苏凤凰文艺出版社,2016,第277页。

孔子以"仁"讲"礼",礼法所造就的社会关系则是"道"。"仁"与"道"是孔子作为轴心时代哲学家意识觉醒的标识,同时也是其主张的政治制度的核心。孔子说"所谓大臣者,以道事君,不可则止"(《论语·先进》),又担忧学生误解他的学术思想而反复强调"吾道一以贯之"(《论语·里仁》)。究竟什么是道?美国汉学家顾立雅认为"道"是孔子所主张的一种个人和国家的理想生活方式,是德行品质、喜好观念,是礼乐的根本原则,"道所提供的行动标准却比法律还稳定、还持久。"[1]顾立雅虽然将"道"与法律比对,但并未强调"道"的法律意义。阿城则明确将孔子之"道"同比于宪制,强调礼制文化的宪制性质。阿城认为,孔子身处礼崩乐坏的社会,主张克己复礼,恢复周礼,实则是力图重建一种人人能够遵守的制度。礼制对人们自内而外产生心灵和行动上的约束,犹如今天宪法的效力,所以孔子笃定道"郁郁乎文哉,吾从周"。

从觉醒者的价值,到理想社会关系的构想,阿城对孔子及其思想总能表现出深刻而独到的理解。纵观阿城的文论,关于孔子最深的印记,最本质的精神共鸣,却

---

[1] 【美】顾立雅著,高专诚译:《孔子与中国之道:现代欧美人士看孔子》,山西人民出版社,1992,第173页。

是自由状态的追求。

阿城摒除了长久以来将孔子框定于政治语境的局限，更为重视其精神境界，试图在庞杂的文化内涵中钩沉出被忽视的、更宏大的生命观。孔子以"自由"作为人生的终极价值，一方面体现于日常生活的精神状态，另一方面体现于政治理想的追求。

何为自由状态？阿城曾在《心道合一——观刘丹画作》一文和《洛书河图》中谈及《子路、曾晳、冉有、公西华侍坐》中的一段。孔子晚年叫弟子们各言其志。子路说他可将大国治理得井然有条，带领军队建功立业；冉有说他可将小国治理得富足，但是礼乐教化，还要靠更加贤明的君子来推行；公西华说愿做宗庙祭祀、会盟朝见的执行官。孔子对这些都不以为然。曾晳在旁抚琴，经孔子劝说，于是也抒发自己的想法："莫春者，春服既成，冠者五六人，童子六七人，浴乎沂，风乎舞雩，咏而归。"孔子才喟然感叹："吾与点也！"思考曾晳所说的志向，大概可意为：春回大地的时候，换上春服，伴同五六个成年人，带着六七个孩子，到沂水畔洗浴，在舞雩台上吹吹风，唱着歌走回家。此中彰显怡然自乐的诗意态度，正是孔子所追求的精神自由状态，"孔子在此明确表示，我过往与你们谈论的仁啊礼啊，不过是手段，它们不是目的，目的，也就是志向，是身心达到自由状态。"¹鲜有学者重视这一段记述,阿城则强调这是理解孔子的关键——自由,并以此为基础将"天生不仲尼,万古如长夜"(《唐子西文录》)释读为"心无觉醒,达不到自由状态,才是漫漫长夜,而开启者是孔子啊。"²。孔子将内心自由外化为一种生活状态,依此来查看关于他的许多记述,便也更为顺理成章。

被讥为丧家之狗却豁然自嘲,遇到荣声期边走边唱,赞誉其豁达睿智,遭遇陈蔡之厄却依然弹琴唱歌,孔子以"君子有终身之忧,而无一朝之患"的豁达状态面对所有困境,是因为他明确自由才是人生的终极价值,怀有更为高远的心志。因此,在历史的记述中找不到孔子为了琐碎小事斤斤计较的样子,而是"无日不弦歌"。

孔子的终生政治理想亦是以"自由"为最高要义。如阿城多次谈及并解释"从心所欲不逾矩"的自由状态——最高境界即随便怎么做,其实都在规律里面。

所谓"自由"是一个相对的概念,无拘无束并非就是自由,践踏蔑视法制的随心所欲也只能被称为道德败坏。黑格尔的自由理论指出:认为自己是自由的其实不自由,认为自己不自由的其实才为自由。自由只存在于

---

1 阿城:《文化不是味精》,江苏凤凰文艺出版社,2016,第204页。
2 阿城:《文化不是味精》,江苏凤凰文艺出版社,2016,第204页。

一定法律、道德、生态平衡等外在约束条件的限制内，是在不妨碍、不伤害他人的基础上，按照自己的主观意识和能力做任何事。只有明确了这些限制，才能做到真正的自由。世间万物的运动和变化皆由绝对精神所决定，而绝对精神的实质便是自由。

讨论黑格尔所主张的绝对精神的自由，是为帮助说明阿城所说自由状态的哲学内涵。庄子主张"至人无己，神人无功，圣人无名"（《逍遥游》），只有将外在与内在的条件限制全部打消，才是真正自由。孔子主张以自觉主宰在现实中自然地建立秩序，在接受客观限制的基础上，作为自觉的活动者，在自觉处彰显自由。"为仁由己，而由人乎哉？"主动做出选择，而不受制于外在的影响。遵循秩序限制，同时自觉主宰人生，从精神层面达到从心所欲的境界，是内心的自由状态。如黑格尔所言，遵守秩序限定，让思想超乎其上，才是孔子所说的自由。

孔子晚年说，"吾十有五而志于学，三十而立，四十而不惑，五十而知天命，六十而耳顺，七十而从心所欲，不逾矩。"（《论语·为政》）"从心所欲，不逾矩"是孔子对人生终极的追求目标，也是对自己人生成就最终的评述。他主张克己复礼，但并非以牺牲内心的真实去迎合不合理的规矩，而是自愿地行礼为仁，立德顺天。所以说,"仁,远乎哉?我欲仁,斯仁至矣"(《论语·述而》),以此凸显人的主宰和自觉意识。孔子的政治主张虽以礼法为根本限制,却也是将礼法作为衡量世事的标准,而非教条化的循规蹈矩,在礼法精义的基础上,以"活"的流变的人情与现实,打通"死"的礼法,彰显自我意识的自由。以此来看《孔子家语》,则更能理解孔子许多狡辩、矛盾、带有活泼生气的表现,虽然崇尚礼法,却常常"触犯"礼法。而在孔子之后,儒生虽然依旧遵循礼法,却是教条化的固守,没有孔子的自由境界,所以阿城说,"孔子以后的儒们讨厌在'不逾矩',又不能从心所欲,于是偷着逾矩,是为伪。"[1] 阿城在《文化制约着人类》中阐述的立论,同样遵循着孔子"从心所欲"与"不逾矩"的自由与限制关系,通过徐无鬼和庖丁解牛的故事解释限制与自由之间的关系,强调文学只有在一个强大、独特的文化制约下才有自由和出息。

如孔子所说"吾道一以贯之",阿城与孔子在自由状态上的契合,同样贯穿于他的文学创作、思想境界、生活状态等诸多方面。以此为主旨回顾阿城的小说,可以看到,早在"三王"中,便可清晰体察到阿城自由意识的觉醒。

1　阿城:《威尼斯日记》,江苏凤凰文艺出版社,2016,第106页。

限度·维度·超越

此前人们读阿城的小说，普遍忽略了隐匿其中更宏大的生命观——自由状态。这是阿城自身人生态度的写照，他在"三王"的书写中得到自身的启蒙和超越，小说中"主人公的生活态度显示了内在的充分自由性，实为由空无向更自由的'有'的境界追求。因之，阿城的小说似乎很难归为'寻根'的概念，更多的是泄露他自己对中国文化精神的领悟与感受。"[1]以精神自由为主旨梳理"三王"的创作脉络，不仅开拓出一个崭新的视角，更利于我们明确体察阿城宏大的价值观念，矫正有失偏颇的评价。

再次强调，"三王"是阿城三个时期的代表之作，写作顺序是《树王》《棋王》《孩子王》。对于当初并无出版意识的阿城而言，小说只是自我思想情感抒发的一种渠道，或供三五好友传阅，犹如日记一般。以此揣度"三王"的创作过程，可以看到其间记录着他的思想变化，又因小说的灵感源于现实生活经历，可以说具有半自传性质。第

---

1 陈思和：《当代文学中的文化寻根意识》，载《文学评论》，1986年第6期。

一人称"我"作为作者艺术性的化身,伴随肖疙瘩、李立、王一生、老黑、来娣等人一路走来,在旁观众生世相的过程中不断锻造着自己的思想。由《树王》撕开荒诞时代的裂缝,唤醒内心的良知,参照自然生命完成精神启蒙;经《棋王》思考人类存活于世的根基,拓展生命的广度和深度,直到寻求到精神自由的理想境界,达成对世界人生整个的哲学了悟;最终以《孩子王》完成精神自由的超越。以写作时间顺序的脉络考察三王,可清晰体察到阿城对人生限度、维度、境界的层层突破。

阿城在《树王》中表达对时代的反思、对人性的召唤、对生命的庄敬,这是对于那个闭塞灰暗年代的反省。生命意识的觉醒是心灵复苏的前奏。瞭望群山,如人脑的沟回,暗藏自然的思想;触摸温润的树干,可以感受到跳动的脉搏。每一棵树木都独具生命,像人类独有的灵魂。直到大火将其付之一炬,一个宇宙也惊慌了起来。在对自然万物拟人化的描述中,作者开启了对于生命意义的反思。

荒诞的年代,在不合情理的错乱中,良知仿佛消失了一般。肖疙瘩和队友在战役中立下的头功,却不敌应急止渴的微小之过。源于自然之根的远古森林,却无理被种植的新树替代。当教条主义浸染整个社会,人们普遍处于精神失调的状态,良知消失殆尽,在此,阿城醒悟到要将其挖掘出来。《树王》里潜在的是蒙昧的良知，不是科学的，是原始的，但它面对的不是科学，而是愚蠢，这就使双方都走向失败。愚蠢没有良知，所以良知即使是蒙昧的，对于中国，也是有价值的。"[1]小说中的"我"作为一个旁观者，经历了一个由愚蠢到蒙昧，最终参悟的过程。肖疙瘩好似"我"精神的引导者，在他的指引下，"我"从完全无法察觉肖疙瘩对于知青砍树的无奈，到隐约感受到他隐忍的怨恨，最终在他的死亡中理解了更为博大的生命关怀。

李碧华曾言，"阿城说自己不怕黑，不信鬼，但'人需要有鬼，需要有畏惧。'——我以为这种'畏惧'是同良知、道德和因果惯有的。认识很多'走过文革'的人，此批翻天覆地的唯物主义者，大多不怕鬼神，且插队落户上山下乡，现实也不容许他们怕黑。——最坏的境况是自己成了'牛鬼蛇神'。"[2]阿城凭借对万事万物的"同情"，将那个年代的荒诞推向极致，企图唤醒即使蒙昧却不可缺失的良知。

到《棋王》阶段，阿城深化了"我"对生命意义探

---

[1] 阿城：《树王·棋王·孩子王》，江苏凤凰文艺出版社，2016，第173页。
[2] 李碧华：《八十八夜》，花城出版社，2003，第239页。

寻的过程。古语道，棋如人生，人生如棋。棋盘的对抗间可见性情、胸怀甚至生命理想。阿城将自己对于人生的探寻藏匿于棋道之中，以此拓宽生命的维度和深度，显露自由之境。

小说中捡烂纸的老头可谓是最独特的存在，闪耀着生命智慧的光芒。他传授给王一生的棋谱，不仅讲述棋道，更包含人生的大智慧，即精神自由。初逢捡烂纸的老头，他阅览市里比赛的棋谱，便断言"这棋没有根哪"。老人以无为而无不为的人生态度，通达棋运造势的万千变化，向王一生传授棋脉的根基，实则是一种至高的生命境界。"棋运不可恃，但每局的势要自己造。棋运和势既有，那可就无所不为了。"[1]棋运犹如人生的客观环境，是宇宙的自然规律，关乎社会和时代的条件，都是人们所无法改变的，遵循规律便是道家所说的无为。怎样才能准赢？取决于造势的学问。势式则为人的内心和精神状态，只有参悟自由，才能真正褪去束缚，解脱困境，赢得棋局和自我的人生。

小说中主人公"我"和王一生都处于探寻生命的过程中。不同的是，王一生是在棋道和生活间由此及彼，

---

[1] 阿城：《树王·棋王·孩子王》，江苏凤凰文艺出版社，2016，第15页。

虽通透了下棋的技巧方法，却没打破精神的境界格局，始终沉浸在证明自我的表演中。而"我"作为一个旁观者，观察众生世相的同时，不断探寻着自己的生命价值和理想。"我"和王一生本就存在极大的精神差异。对于吃，王一生要求实实在在的吃饱，而"我"认为"吃"不仅是肚子的需要，而且是精神的需要。到达农场后，王一生满足于生存基准线之上的生活，而"我"仍会思考，"隐隐有一种欲望在心里，说不清楚，但我大致觉出是关于活着的什么东西。"[1] 车轮大战吹响号角，"我"深化了对于时代历史中个人命运沉浮的思考，体察到众生苦乐的变幻百态。"我心里忽然有一种很古的东西涌上来，喉咙紧紧地往上走。读过的书，有的近了，有的远了，模糊了。"直到一切结束，我体悟到"衣食是本，自有人类，就是每日在忙这个。可囿在其中，终于还不太像人"[2]的生命意义，终于释怀睡去。在王一生对于自我生命价值的积极证明中，"我"寻求到了精神自由的生命理想，阿城也实现了对自己精神世界的构建。

与《树王》《棋王》中的人物设定不同，在《孩子王》

---

[1] 阿城：《树王·棋王·孩子王》，江苏凤凰文艺出版社，2016，第50页。
[2] 阿城：《树王·棋王·孩子王》，江苏凤凰文艺出版社，2016，第55页。

中,"我"不再作为一个旁观者去参与故事的发生,而是真正作为主角,表达自己的情绪和意识。这是阿城自我精神构建的成熟,也是对此前精神境界的超越,使"我"的自由状态在故事中得到释放。

阿城在采访中谈及:"我自己最喜欢《孩子王》,小说开始时明确写着写作时间是一九七六,那时毛泽东还未去世,将来会怎样,不知道。那时已经是个农民了,空闲的时候写写东西,浪费纸张。当时的人生的状态,只是不合作。"[1]相比于下乡初期创作的《遍地风流》系列、《树王》,以及中期经过一段时间沉淀后的《棋王》,《孩子王》创作于知青下乡的尾声阶段。此时的阿城经历了近十年的乡土生活,已自认为农民,并形成了成熟的思想体系。他所表现的不合作的态度,是对孔子"从心所欲不逾矩"精神自由状态的达成。

《孩子王》开篇写道,"一九七六年,我在生产队已经干了七年。"各式活计都已熟练,被书记叫去谈话也能够很自然地像农民一样,蹲在门槛上等待发话。"我"在这期间不仅发生了生活行为方式的转变,更建构出自我的精神世界。顺应组织安排,去学校教书,毫无头绪的情况下,秉承对文化的良知、对少年的责任,"我"

---

[1] 阿城:《脱腔》,江苏凤凰文艺出版社,2016,第314页。

放弃了没有实用性的课文，并寻找到一套自己的教学方案，力图传授给孩子们观看世界、思考人生的方法。此时的"我"已然褪去了面对肖疙瘩时的蒙昧，褪去了伴随王一生时的迷茫，清晰地确立起自己的价值观念和理想追求，面对主流力量的反对，坚持自己对自己的要求。在极权状态下，社会规则定然不可破坏，但"我"绝不将自己框定于其中。"你请'我'教书，'我'就按我认为的去教，你不同意'我'的教法，'我'就离开，没有什么可争辩的。如果你又要'我'来教，'我'还是按'我'认为的教，你认为不行，'我'无非是再走开。"[1] 这种不合作的态度，表明了作者对现实的超脱，对自我精神的解放，虽有限制，"我"却在限制中坚持自我意志的自由状态。小说结尾，我"从包里取出那本字典，翻开，一笔一笔地写上'送给王福　来娣'，看一看，又并排写上我的名字，再慢慢地走，不觉轻松起来"，[2] 表明将一切释怀。

经由"三王"，"我"由旁观自省，到表露、宣彰主体性的鲜明立场，达成外部动荡环境和内部稳定精神的

---

[1] 阿城：《脱腔》，江苏凤凰文艺出版社，2016，第314页。
[2] 阿城：《棋王·树王·孩子王》，江苏凤凰文艺出版社，2016，第165页。

平衡。在蒙昧中找回良知(《树王》),在自我证明中找到生命价值(《棋王》),在桎梏中完成精神超越(《孩子王》)。

"同情"的土壤

从《树王》《棋王》到《孩子王》,种种制约规定了客观自由的范畴和框架,而以"同情"为根基,才使"我"得以摆脱束缚,以更为灵活的视角体察世事,达到心理、情感等主观的精神自由境界。阿城主张同情的自由,"自由是种能力,我们其实受到很多束缚,例如'道德''时髦'。缺乏广泛的相同之情的能力,因此离自由还早。即使对诸如'道德''时髦'也要有同情才完全。"[1]只有具备了广泛的相同之情的能力,才能达到真正的自由,也就是精神内在的自由之境。阿城所展现的超脱态度,"对相反事态的认同能力,正是源于他对具体的体认,以及在体认基础上的同情——相同之情。"[2]这种同情"既不是居高临下的怜悯,更不是自命高雅的苛责,而是感同身受的体验",[3]是去阶级化、去身份化、去地位化的,设身

---

[1] 阿城:《闲话闲说:中国世俗与中国小说》,作家出版社,1998,第73页。
[2] 黄德海:《若将飞而未翔》,北岳文艺出版社,2015,第12页。
[3] 庞守英:《新时期小说文体论》,山东大学出版社,2004,第180页。

处地的感同身受,类似于孔子所论之"仁"。

"仁"是孔子思想体系的核心,也是其毕生政治理想的基础,孔子崇奉仁者爱人、为仁由己的观念,也以此赞誉颜回"三月不违仁"。

在《论语》的众多记述中,共提及"仁"109次,虽然"仁"没有明确的概念,但大概可意会为对待他人怀有一相同之情。君王施仁政,对待百姓如对待家人,则国家兴盛;百姓怀仁爱,对待他人如对待自己的亲人,则世俗和乐。故有孟子继承孔子之说,主张"老吾老以及人之老,幼吾幼以及人之幼"(《孟子·梁惠王上》)。阿城的文论中不曾有关于"仁"的集中论述,但是《遍地风流》所外溢的情同之感,心同之感,他人文字中记述的细微末节,充斥着他深切的仁爱之心。季红真在《阿城:俯仰天地的魂魄》一文中谈到初见阿城的印象:"庄重时如一个受苦受难的耶稣,这个自我形象以后一再在他的小说中以叙事者的形象重复出现。"[1] 阿城小说中的那些叙事者感同身受着他人的喜怒哀乐,令故事中的旁观者和故事外的读者都受到触动。

从精神层面而言,旁观是极为狭隘的、局促的境界,形同万事万物于己无关,遗世而独立,实则将自身限制

---

[1] 吴晗:《七月寒雪》,大众文艺出版社,2000,第289—290页。

于一隅，亦违背了世界客观的普遍性、联系性。阿城曾著有一篇小文《没有旁观者》，寥寥百字，却印刻道出同情之理：

> 在人生的大戏中，所有的人都不仅是观众，也均是演员。不只是："你拆烂污，就有人遭瘟；你放野火，就有人烧死。"而是："他人拆烂污，你也会遭瘟；他人放野火，你也会烧死。"这个世界已没有局外人，也没有旁观者了。
>
> 那么，我们的一举手按电键，一投足踏油门，一执笔列方程，一操刀做实验都关系到这个世界——包括自己的——生与死；这个宇宙——包括自己的——存与亡。[1]

这段文字看似短小，却可从中窥见许多观念，与他此前的书写一一对应，如他人拆烂污、放野火造成的时代伤痕，如宇宙、自然、生命和人的哲学玄思，但最为直观的表达，便是对旁观的否定。对旁观的否定，即是对万事万物于己相关的肯定。阿城以客观世界的普遍性、联系性为前提，说明万事万物间相互影响、相互作用的

1　钟阿城:《没有旁观者》，载《意林》，2007年第10期。

规律。人虽作为独立的个体存在于世界，但却无法脱离世界的种种影响，人与人之间无形的纽带串联起生存的社会、时代，反之亦受制于社会、时代所形成的回声。便是在这种最普遍的联系间，每个人都被裹挟于相同世界的浪潮之中，随之沉浮，"旁观者"并不存在。人们的认知、理解、思考均源自他人，又反作用于他人，而他人的所思所想、所作所为亦反作用于自身。于此，唯有以相同之情看待繁杂世相，才有可能真正体味到客观与真相，拓宽认知的维度、思考的深度，获得最广阔的精神视角，才是自由之境。

相同之情，不仅情同于他人的欢喜，亦情同于他人的苦难，故而内涵温暖。夏云在采访时感叹阿城是个温暖的人，阿城回应："终于有一个人公开讲我是一个温暖的人了……我很惊异人们评论我的文字是冷峻的，不动声色的；活见鬼！那明明是温暖的，人情的。"[1] 看似谈笑，实则却是阿城的自白。对于亲友，阿城常揣热心关怀，如帮刘小东搜集三峡资料，洋洋洒洒数十万字；得知陈村有意写一部关于大象的小说，于是寄去一本《生活在象群中》。于陌生人同样如此。传闻，阿城名声大噪时，家中门槛几近被约稿者踏平，一天吃七八锅面条的传言

---

[1] 戈云：《在自由女神像下》，广东人民出版社，1988，第429页。

也是由此而来，多数约稿者都空手而归，但也总有意外。据说当时有一位来自某县级文化馆的拜访者成功获得了阿城的一篇稿件，只因"这位约稿的黑脸汉子一心想调往省城与老婆团聚，无奈人微言轻，他的愿望没有人听得见。说到被人事干部和岳父母双重挤对的窘况时，黑脸汉子的腮帮一阵抽动。"[1]阿城以举手之劳，便这样成就了他人的幸福团聚，由此可以解惑，为何当时炙手可热的阿城，许多小说却首发在名不见经传的小刊物上。看似无足轻重的举动，却流露出人世温暖的仁与德，是体贴他人相同之情的内在驱动。

另有一则事例，由《洛书河图》记录。在讲座的闲言碎语中，阿城谈及孔子的自由之志，转身对听课的学生们说："您们大概将来是要作艺术家的，志在画价一亿以上吧？鲜衣美食豪车巨型工作室，或时尚封面访谈粉丝有千万吧？其实只要恪守不损害他人为底线，无所谓对错。又或者留心文论，嘴能说诸多概念手能画各种文本渐渐成为公知，也是蛮艰苦的。其实追求虚荣等等都不是什么罪过，最终也是火葬烧成骨灰还算一生圆满，不在乎内心是否达到自由状态。如果你们的志向是这样，

---

[1] 明前茶：《侠义》，载《北方人》，2018年第7期。

上面算我白说。不过课还是要补下去。"[1]一段琐碎的闲话,一如阿城惯有的风格,讲述平淡,蕴意深刻。他以宽广的视角考虑学生们的职业发展,似乎能设身处地理解其中的艰难。正因具有世俗的视阈,所以阿城并不反对学生们对名利享乐的追求,但他更能穿过世俗,看透世俗,道明一切虚荣最终不过都会灰飞烟灭的事实,指引出人生自由状态的更高境界。这段话看似无关知识的传授,却是阿城作为一个前辈,感同身受于后生们的彻心教导,是人生知识的引导。同时尊重个人意志,不强加干涉,却透露出一股悲凉,一丝期愿,似乎看到孔子教导其弟子时的身影。

阿城对生活总怀有一份淡泊与安宁,他的怡然自得,随遇而安,对任何生活境况泰然处之的态度,便是精神自由的生活化表现。查建英评价阿城的小说:"他的写作比同时代人高出一筹,是因为他的基本姿态是'逸出'。他的小说有一种冷静而温和的调子,既不是反抗,也不是控诉,是写他的主人公如何从精神上飘逸出去,沉浸在另外的世界中。"[2]所谓逸出之感,便是思想上的超脱,

---

[1] 阿城:《洛书河图》,中华书局,2015,第146页。
[2] 查建英:《八十年代访谈录》,生活·读书·新知三联书店,2006,第94页。

共赴精神自由之境的审美体验。他以朴素的语言,简白的描述,构画出芸芸众生的甘苦世相。深入浅出,以表层的简单故事结合深层的意蕴哲理,将象征意趣融合于无形的情节推动之间,映射到每一个读者心中,产生不自知的共鸣和审美体验。正是基于这种隽永的深长意味,才使得阿城的作品长销至今。我们从中体味到悠然自得的恬静,坐看云卷云舒般的淡然,抚平现代生活的浮躁,释怀于纷杂愁绪,这皆源于阿城隐匿在文字根源的自由之境。独具特色的美学方式、营造的浓厚的民族文化氛围、超脱时间和空间限制的境界追求,都使得阿城的文学创作更为别具一格。

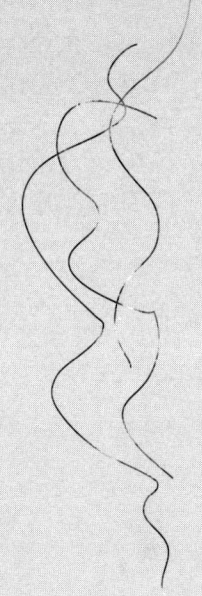

遥远的巫

鲁迅在《中国小说史略》中说，"中国本信巫，秦汉以来，神仙之说盛行，汉末又大畅巫风，而鬼道愈炽"，一番追溯，却将现代文学推向了祛魅的方向。二十世纪间，中国社会文化思潮频频骤变，"巫"文化被视作某种不良的遗留，一度消散了踪影。新时期以来，随着人们挖掘传统文化，夹杂欧美文学魔幻现实主义的破堤而入，"巫"又被视作民族性、历史性极强的文化因素被重拾昭示，回潮而来。

残雪的小说与巫楚间隐匿着幽冥的接连，"灵魂出窍"式的创作，带着强烈的神秘性；韩少功对巫楚文化斥以批判，但《爸爸爸》里的神秘民俗却弥漫出浪漫而原始的美感；贾平凹笔下鬼魅式的叙述，则描绘着许多死而复生、人鬼交织的奇幻超自然力量。另有一些作品，塑造了带有"巫"化色彩的形象，如《白鹿原》中介于人鬼之间的朱先生，陈忠实赋予他超越常人的特异功能，神秘而奇特，使他成为传统巫文化的符号。

阿城虽然对巫文化满怀兴趣，但小说中却寻不见具象的书写，只是偶然与人谈及，才滔滔不绝涌出一番闲言。对他而言,巫更像一枚影响因子,渗透于艺术、文学的发展。例如,在以"巫"为原始基因的人类文化中,阿城赞叹于孔子的宇宙观——"子不语怪力乱神",那是"巫"世界集体无意识状态下个人意识的觉醒。要知道,孔子身处萨满时代,对根深蒂固的观念进行思考和颠覆,才是圣人光环中最闪耀的智慧之光。

艺术起源于巫?

阿城能谈的话题很多,乐在其中的,巫(或萨满)是其中之一。或许很少有人注意到,他常提及这一话题,他曾说,"我到任何地方去,都先试图了解这个地方是否跟萨满有关系,是否还遗存着萨满的基因。因为要说到人类的文化基因的话,萨满应该就是了。"[1]可以说,巫作为中国古代文化根源的一支脉络,通贯于阿城对文学、艺术等多范畴的解读,并自成体系。

阿城认为艺术起源于巫。阿城说:"现存的艺术类型,无论原始、古典、现代、当代,其原理的核心,仍是在万古如长夜的原始巫时期确立的。"[2]这观点源于他的亲

---

[1] 阿城:《文化不是味精》,江苏凤凰文艺出版社,2016,第225页。
[2] 阿城:《文化不是味精》,江苏凤凰文艺出版社,2016,第206页。

身经历。在阿城辗转流离的人生中，巧有许多见闻趣事，让他触碰到"巫"的鲜活力量——在他上山下乡时，云南寨子远离城市，但村民们人身肉长，一样会病，且它们信奉用古老的土方子治病。他曾碰到有人牙疼得"灵魂出窍"，而寨中巫医只抓了把牛粪，便让人消了疼，重新绽放笑容。后来，他还见识过傣族捉"琵琶鬼"止瘟疫的巫俗，碰到过湖北乡下的巫婆神汉搞灵魂附体的招式，其间更了解到祭祀中乐器、歌舞、敬献酒食的仪式。

"亲眼看到这些使我首先对文艺理论产生了怀疑，第二对艺术起源的问题发生兴趣。变成我长久的兴趣之一。我跟朋友们聊起来，总说艺术起源于巫，人类学称为'萨满'，其实中国的巫还有另一个系统在长江以南，就是'傩'。"[1] 这些见闻使阿城认识到，中国上古时代艺术的本质不是写实，而是幻象的真实。韩少功同样赞成，艺术源于祭祀，艺术家同于巫师，或一些跳大神的催眠师，他们打通人神两界，善于采用很多催眠致幻的手段，带领人们进入集体催眠的另一个世界。

早在《闲话闲说》中，阿城就对艺术与巫的关系进

---

[1] 阿城：《文化不是味精》，江苏凤凰文艺出版社，2016，第409页。在中国，北方的萨满与南方的傩共同构成原始的民间巫文化，从文化特性而言，巫文化又根同于世界文化概念中的萨满Shamanism，在此将二者视作同一文化的不同表现形态。

行过论述。专职沟通人神的巫,为表达祷谢的诚意,以诵、歌、舞、韵等方式为手段,色彩、图形等艺术符号随之而来。"所以艺术在巫的时代,初始应该是一种工具,但成为工具后,巫靠它来将自己催眠进入状态,继续产生艺术,再将其他人催眠,大家共同进入一种催眠的状态。这种状态,应该是远古的真诚。"[1]远古时期,面对人们的各种需求,巫需进行自我催眠和集体催眠,需富有灵感和想象,以抒情感染他人,与当代艺术家的功能本质无异。阿城由巫的催眠行为产生思考,关联起艺术起源,倘若以此察看人们阅读小说时产生的同情之感,观电影时的投入之态,听音乐时随之律动,看舞蹈时随之癫狂等种种表现,便可领会巫文化对艺术产生的重要意义了。

虽然学界对于艺术的起源一直没有定论,提出源于自然模仿、源于审美自由的游戏、源于原始劳动等多种可能,但相对而言,艺术与原始巫活动之间的浓烈而亲近的关联,使得艺术起源于巫的观点更具有充分的合理性。爱德华·泰勒的《原始文化》、弗雷泽的《金枝》均以此为论。

从艺术的精神层面而言,艺术创作者进行情感表达和艺术接受者产生感官体验时,人类精神的感知类似于

---

[1] 阿城:《闲话闲说》,江苏凤凰文艺出版社,2016,第100—101页。

巫师带领人们感知神灵的状态。所以，优秀的艺术家常常能让欣赏者领会到作品的精神实质。

艺术的表现方式更可在巫术仪式中寻到肇迹。"我们现在所说的绘画、舞蹈、音乐这三样最重要的艺术形式，它们的原理是在什么时候建立起来的？实际上是在萨满时代。"[1]以绘画为例，无论是西班牙的阿尔塔米拉洞窟壁画，还是我国广西的花山岩画（距今两千五百年），众多原始洞穴的壁画和岩画均以描绘动物和狩猎行为为主题。那些埋藏在黑暗深处的图像显然不以欣赏为目的，而是为了招引部落赖以生存的动物，带有祈求狩猎成功的巫术意义。

"如同欧洲洞穴壁画作为原始的审美——艺术，本只是巫术礼仪的表现形态"[2]，音乐与舞蹈同样潜藏在巫术礼仪中，是揭示神灵奥秘的途径。

《毛诗序》言："言之不足，故嗟叹之；嗟叹之不足，故咏歌之；咏歌之不足，不知手之舞之，足之蹈之也。"中国上古时代，诗歌与音乐、舞蹈是相互结合存在的艺术形式，彼此相得益彰。原始巫的祭祀礼仪，同样需由歌、舞、辞的交织相衬，以求抒发更强烈的情感，感动

---

[1] 阿城：《文化不是味精》，江苏凤凰文艺出版社，2016，第225页。
[2] 李泽厚：《美的历程》，文物出版社，1981，第5页。

鬼神，得到庇佑。《吕氏春秋》有记，"昔葛天氏之乐，三人操牛尾，投足以歌八阕"，八阕是葛天氏部落尊天敬地的乐曲，歌唱时配合手拿牛尾和舞蹈的动作，是巫术礼仪歌舞结合的最好证明。类似文献记载比比皆是。上古重巫，事无大小必请示鬼神，卜吉凶祸福，因此，祭祀行为极大推动了歌舞及乐器的发展，以至于"恒舞于宫，酣歌于室"的"巫风"遍行。

阿城曾感叹道，"楚尚巫，屈原是楚国的大祭师，他在《九歌》中的咏叹，即是当时国家级的祭文。"[1]《九歌》作为中国巫文化的代表作，从篇目来看，《东皇太一》所描述的是最盛大的主祭祀场面，群巫以丰富华美的祭品，欢鸣奏乐恭请东皇太一的降临；《东君》反映出对楚人祖先日神的崇拜；《云中君》表达对雷神神迹的颂扬；《大司命》《少司命》《河伯》《湘君》《湘夫人》《山鬼》则是女巫取悦于神的祀神词，辅以最明艳的服装，伴随悦耳动人的歌声、美轮美奂的舞姿，达到取悦神灵的目的；经《国殇》歌颂战士忠魂不灭后，最终以《礼魂》为送神曲，勾画出隆重欢愉的场面，寄托美好的愿望于众神，并许下长久的供奉之愿，祈求神恩。《九歌》描绘的完整而宏大的祭祀程序，展现出南楚巫祭文化的内涵，包含着神

---

[1] 阿城：《脱腔》，江苏凤凰文艺出版社，2016，第20页。

灵崇拜、自然崇拜、生殖崇拜等精神指向，在巫神对话与群众狂欢中展现出狂迷四溢的神秘色彩。在《活的楚文化》一文中，阿城动情地细数流传千年的傩戏、仪式、舞蹈、祷词，抒发对鲜活的华夏人文得以流传至今的感动。直至现代文明社会，宗教中的超自然力量依旧承载着极为重要的艺术母题。

幻象——中国造型的源头

艺术审美存在具象、抽象、幻象三种表达。具象，即准确无误地对事物形态予以客观表现；抽象，是对现实进行提炼、夸张、变形、重新组合，产生新的含义和表现内容；幻象，则打破时间与空间的限定，抽离出事物的本质，将其与意识融合，产生如幻视、幻听、幻觉带来的不真实感。阿城认为，中国造型的源头在幻象。

作为最广泛、最悠久的原始文化，巫文化蕴含了宗教、哲学、文学、艺术等领域的内容，是人类学、考古学、社会学、民族学等众多学科的理论来源。现有学术研究普遍认为，巫文化理论在西方人类学的流行起始于宗教史家米尔恰·伊利亚德的《萨满教：古老的入迷术》。伊利亚德打破局限于西伯利亚等特定地域的研究地理范围，整合世界类似宗教体验的资料，将"萨满"

定义为具有普遍性、跨文化性的宗教概念。他贯连时间和历史的脉络，追溯至史前时代，明确了萨满作为人类古老文化的身份。这一理论的提出，逐渐成为后来众多人类学家、考古学家的研究基础。

美国人类学家佛尔斯特（Peter Furst）曾提出以萨满教理论解释美洲前殖民时期艺术（pre-Columbian American art），并探讨对迷幻剂的使用、人与动物之间的身体转化等。由众多的文献可知，古今中外，巫文化系统似乎都有使用致幻剂的经验，致幻剂起到催眠作用，继而影响艺术创造。对这一话题，阿城在与姜文、查建英等人的对谈中也有涉及。王克明也曾记述阿城讲解艺术的原始形态："他说远古的陶器纹样，不是出于美化生活的目的，而是出于原始宗教目的；不是人与人精神交流的产物，而是人与天地鬼神交流的结果；不是劳动的创造，而是巫术的体验。为了一个什么目的，巫师癫癫狂狂引导大家集体致幻，全部落得人在旋转中幻视幻听，快乐地通天达地。"[1] 致幻物作为古代人神沟通的介质工具，是人类进入催眠状态的催化剂，在催眠状态下，人得以共享巫师或神的世界。催眠也使得古代文化产生时，

---

[1] 贺斌主编《文化陕北（中）》，陕西科学技术出版社，2015，第162页。

蕴具幻觉特性。

这一观念的产生与张光直教授的启发不无关系。在此，不免再次提及阿城在美国与张光直教授的那次交流。二十世纪八十年代，阿城曾在哈佛大学遇到当时的人类学系主任张光直教授，经由交流衍生出许多对中华文化探源的思考，包括古代造型艺术的解读。八十年代初，张光直教授关于萨满教的论述陆续发表，在考古学方面对中国改革开放后商周时代的研究形成巨大冲击，他的《考古学专题六讲》一书中首次将中国古代文明概括为"萨满式文明"。阿城对中国古代文化的认知由此得到启发，继而清晰形成他对巫文化的新视角解读。

2016年8月9日，阿城受贵州省文史馆之邀，做了题为"贵州之贵"的专题讲座。会上他曾表示，他对苗族文化的兴趣起源于二十世纪七十年代在云南插队期间。云南有苗族人，由于当时他喜好美术，所以对民族图案较为敏感，因此对苗族造型格外关注。到了九十年代初，阿城对造型方面的研究已有所成果。他在与谢屏汉先生的交谈中，提及自己梳理中国造型的来龙去脉，并构画表格将各种造型的关系做以勾连。"后来在美院开造型史的课，内容无非就是上个世纪的那张表。"[1]如《洛书河图》

---

[1] 阿城:《洛书河图》，中华书局，2014，第1页。

《昙曜五窟》两本书的副标题"文明的造型探源"所示，这是阿城对自身知识体系一部分的阶段性总结，同时也是他借用造型探究文化源头的一次尝试。

在中国源远流长且博大精深的文化体系中，人们熟知《诗》《书》《易》《礼》等以文字描绘记录传统文化的经典古籍，却普遍忽略了不计其数的民族服饰和器物所蕴含的文化价值。在那些"物"刻画的图案中，蕴含着丰富的文化密码，它们表现出中国文化"言与物"的勾连性和奇特性。阿城在书中以造型为线索，铺展开包罗万象的文化支脉，不仅提出新的阐释角度，更启发人们开拓文化思维，以更细致、更深化的视角来寻找文化。"一个纵向的轴，从新石器时代到汉代，一个横向的轴，佛教，由中亚向东，与汉代汇合。这两个轴的冲突与融合的关系，一直贯穿下来，直到今天，决定着我们的造型形态，是我们的资源，也是我们的遗产。"[1]如他自言，《洛书河图》和《昙曜五窟》两部书的内容相辅相成，在时间纵轴与地域横轴的交叉间，共同构建出造型发展演变的文化脉络。

《洛书河图》中，阿城由青铜器上的各式图形符号切入研究，梳理出古代"洛书""河图"的符形含义和盛衰

---

[1] 阿城：《昙曜五窟》，中华书局，2019，第188页。

过程。所谓"河出图，洛出书"，洛书与河图对中国文化具有深远意义，《尚书·顾命》《论语·子罕》《管子·小匡》《礼记·礼运》等文献中均有关于洛书、河图的记载。人们惯于将"洛"理解为洛水，将"河"理解为黄河。阿城在张光直和中国考古学家冯时的研究基础上，说明"洛书"实则是九宫图，而"河图"实则是阴阳图，反映的都是古人对于星象系统的崇拜。在书中，阿城更首次释读出天极（北极星）和天极神符形，并由此延伸至重新解读屈原《九歌》和先秦儒道的觉醒价值，由星象系统推导出不同文明的本质区别。

《昙曜五窟》主要讲解佛教传入对于中国文化的冲击，在当权者多次尝试利用宗教巩固政权后，中国造型艺术发生了巨大的改变。第一章标题便以"断裂与承续"为名，开宗明义提出对于文化的传承意识。以追溯"中国"一词的本意开始，提出"宅兹中国"是擂建鼓以祭祀太一神的含义，在阐释隶书与涂布工艺的过程中，表现出汉代"气韵生动"的造型原则。全书内容最具文化价值的部分，是将佛教文化与中国造型史进行对照，阿城在梳理汉代佛教传入的过程中，对诸多相关造型予以细致讲解和辨别，提出转轮王的标识为龙头璎和阎浮金锁，弥勒佛的标识为坐金刚座和左手执法衣的动作，饭钵是月光童子的重要器具等，对辨别造型特征具有关键性的整理，并试图修正许多文化认知的偏差。例如区分"塔"与"支提"的概念，内含舍利为塔，供奉佛像为支提；将"谢赫六法"画论放到佛教兴盛的时代语境中认识理解，纠正对这项中国特色的美学理论的过度解读；指出无论是中国古代佛教雕塑或古希腊石雕，曾经都是敷彩的。

阿城追溯文化发生的时间语境，探究其最原本而真实的面貌。从《洛书河图》到《昙曜五窟》，阿城以探索文明源头的角度讲造型史，亦可说是从造型的角度去探索文明的源头。

同于张光直在《中国青铜时代》中直接提到的巫师用酒致幻，阿城认为自彩陶时代始，纹样的含义便是要在巫术深度催眠状态下才能更好理解，青铜时代更是如此。这是基于巫文化的天地原则：祖先神灵在天，人类通过催眠状态下产生的幻象沟通人神。在深度催眠的状态下，纹样才会产生运动、飞旋，展现出狂欢之美。关于造型与幻象的研究，阿城还进行了系列梳理。例如，菌类带有明确的致幻作用，低度酒也属于致幻剂，所以周朝禁酒，却唯独不禁工匠饮酒，因为要保护工匠对于艺术的创造力。在西方，艺术与幻想的联系也未曾断绝，近百年的现代艺术中，达利、毕加索、玛格利特等画家都有自我催眠的经验。反观中国传统工艺纹样，旋转纹和振动纹是新石器时代彩陶的两个基本纹样类型。

旋转纹可导致视觉幻象，振动纹则由幻听起作用，这两种中国传统工艺纹样奠定了幻象艺术的造型原理。以《洛书河图》中的考证来看，洛书符形展现的八角星纹，意涵时间和方位；河图表达围绕北极星旋转的星象。洛书与河图两种符形，构成了整个上古时期造型艺术的母题。在河图的星宿旋转的基础上再来理解这两种纹样，则不难想象新石器时代东亚人祭祀仪式中跟随幻象旋转飞升、一路通达到祖先神灵所在之处的做法。所以阿城说，"彩陶纹样绝不是远古人类模拟流水行云，这是写实艺术的思路，又或是所谓抽象艺术的思路。这些纹样制造运动幻象，或者叫幻象艺术。它们是远古的幻象电影机。艺术起源于幻象。"[1] 同理，观察先秦青铜器上那些似是而非、不可理解的纹样，如宋代定名的饕餮纹，似牛似猪，而头脑深度催眠的情况下，"它们会漂浮升降，自由组合，回纹会狂扭，拉长，炸裂，忽远忽近，发出尖啸或雷鸣，器物或纹样会无限膨胀，光艳刺目。"可以说，古代造型纹样的产生与欣赏均与幻象息息相关。

虽然《洛书河图》还提出了某些"非主流"的学术

1　阿城：《洛书河图》，中华书局，2014，第60页。

观点:青铜器中菱形纹样为天极神,即北极星,是中国祖先最原始的崇拜。这一创造性的释读暂且无法论证真伪,可当作一个启发性的观念。但可以明确的是,由古代文献记载所知,青铜器为祭器,象征王权地位,为祭祀时所用,如著名的后母戊鼎。不同于现在人们所看到的青绿或褚黑色,它们原本是金灿灿的贵重样貌,以表现王的尊贵及其祭祀祖先神灵的唯一合法性。青铜器上的纹样图案虽有变换,却也无不是对天地神灵表达敬畏、沟通联系的方式。张光直早在《商周青铜器上的动物纹样》中对此有详细说明。

阿城另一方面注意到,苗族信奉鬼师,属于巫文化系统的一支。在苗族绚烂多姿的民族服饰中,至今保留有洛书与星宿系统的天极符形——八角星纹。这些上古文明遗存的艺术造型中寄寓着沟通祖先和神灵的力量,所以当苗族鬼师身着带有八角星纹图案的衣服,才有能力招来四面八方的神明。苗族的图案造型具有丰厚文化内涵,阿城称之为中国文明之源的活化石。显然,这同时也是巫文化的遗存。

拂去历史的沙尘,露出文明的肌理,远古人类在造型图案与符形的传承中,坚持了天象系统的价值崇拜。又在天地鬼神的流转间,阿城挖掘到中国文明的造型源头是幻象。冥冥间,一切都在巫文化系统中刻画着连贯而深刻的脚印，音乐、舞蹈、绘画、造型甚至文学，这些文化像一条条枝丫，由原始的萨满之根生发，在漫长的岁月沉淀中共同构建出古文明谱系的样貌。

"巫"与文化基因

现代人对"巫"的认知，更多是宗教性的，久远神秘，超乎自然。依照科学的世界观和方法论，我们定然无法认同巫文化的魔幻，可若还原到远古人类社会的语境，生命、宇宙都如此模糊不清，便可以理解，人们将灵魂与命运、力量与信仰依托于萨满，也是一种合理的解释。

随着人类历史的演化前行，巫渐渐不仅作为一种信仰存在，更延伸至文化、艺术等诸多领域，融入不同地域的民族习俗，成为独特的文化形式。在空间上，它散布于美洲、北极、西伯利亚、中亚、东亚、非洲、欧洲等几乎世界上各个地域；在时间上，它起源于原始渔猎时代，流传至今，或变为民间遗俗，或融合于其他文化成了另外的模样。在中国的民俗文化中，东北满族的跳大神、西南地区的傩戏，都是它的遗留；而河北的太平鼓、东北的"二人转"都保留有原始的癫狂。如孙郁先生所言，"阿城喜欢谈萨满教、傩，都与初始的力之美有关"[1],他晚年对考古相关问题的热忱,亦是在寻求原始中生猛的气韵。

众所周知,阿城对饮食文化极有研究,不仅在知青时考得了厨师资格,更深谙食物历史、饮食文化。屈原在《招魂》中写到楚人以大量珍馐美味祭祀先祖和神灵,阿城则由此窥探中国自古对吃的讲究源于巫术祭祀。那些珍贵的琼浆玉液和丰富的山珍佳肴是古人对先祖神灵虔诚的表达,当烹饪的鲜美之气上升,传达至天上,才能引起神灵的注目与庇佑。阿城由此推断,中国的饮食文化源于敬神,因而吃饭的姿态是俯身迁就于食物,以表现出敬奉的态度,而西方文化中没有祭祀这一传统,品尝食物以满足人的需求为主,所以是挺立而坐,端起食物来迁就于人。如此新奇别致的理论,是阿城在现代生活中对巫文化思考的结果。

阿城与画家王玉平谈论品色的用法时曾解释道,"这还有萨满教的原因,驱邪,给中国人心里很大的安慰,有潜意识里的传统,所谓民族的,让我来说就是萨满的。萨满那些巫婆神汉一身的品色,只有它能驱魔、召唤祖先。"[2]

---

1 孙郁:《且来读阿城》,载《扬子江文学评论》,2020年第6期。
2 范迪安主编《从现代出发——15个艺术家的15个表达》,人民美术出版社,第136页。

此外，阿城在文论和访谈中都提到自己喜爱剪纸。剪纸在中国民族造型艺术画廊中独具价值，线条间的量感与张力，形象的风趣与随意，"它更具有一种健康的原始的生命力，更多汉魏以前的博大、敦厚、自信、自在与清朗，更多汉民族的幽默气质。"[1]阿城关于剪纸的论述中未曾谈及巫文化的遗留，对于他是否知晓剪纸这项民间艺术起源于巫术，暂不明朗。

阿城之所以对这种边缘文化产生兴趣，是由于他对多样性文化的重视，如他所强调的，知识结构应丰富才好。科学文明的冲击与传统巫文化的演变，使现代人对巫产生误解，将跳大神、求神问卜等形式看作旁门左道的迷信，甚至利用其为坑蒙拐骗的伎俩，使之巫邪化、巫妖化。人们早已淡化或忘却了远古人类由此创造出生生不息的文明，巫也失去了往昔的辉煌和重要性。作为人类文化的原始基因，它衍生出多样的艺术文化形式，并记录下了千万年前人类祖先对天地自然的敬畏，是生命最质朴的情感的表达。以科学而理性的思维面对，正视并重视这种传统文化，不仅是对历史的溯源，更是对未来的创造赋予多一种可能。任何一种文化的消失，都是人类的损失。希望子孙后代回望历史文明时，不会是乏味的单调图景。

1　阿城:《文化不是味精》，江苏凤凰文艺出版社，2016，第255页。

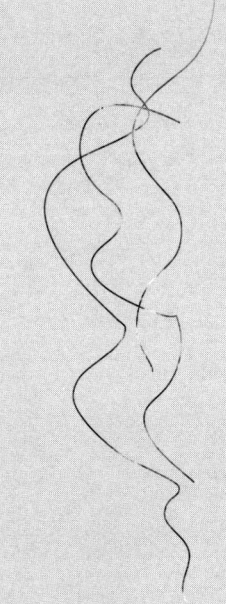

君子和而不同

在纷繁多样的世界文化中，不同国家、民族、群体的文化各具差异，甚至同一国家、民族、群体在不同历史阶段、社会境态下所衍生的文化也不尽相同。这些形态万千、多姿丰富的文化样式，共同构铸了人类文化遗产，同时造就着文化的多样性。

美国现代人类学奠基人博厄斯主张，衡量文化应以相对标准论，文化没有高低优劣之分，每种文化都各具独特价值。确如其言，任何文化样式都是人类在漫长岁月中的积累沉淀，都凝聚着文明智慧，折射着时代细节，因此也便无所谓消弭糟粕，割弃劣根。另一方面，无论对我们还是对子孙后辈，只有置身于丰富多元的文化景观丛林，才会有未来更多的可能。保留文化多样性势在必行。长久以来，阿城呐喊着寻求文化断掉的"根"，广泛吸纳或了解着可触及的一切文化样式，归根结底，其思想的内在理路，便是文化的多样性。君子和而不同，对于异己，不是排除，而是接受它的存在，如此，这世界才更欣欣向荣。

世俗关怀与人文视角

对阿城略有了解的人,都知道他常将"世俗"挂在嘴边,逢着道合之人,就吃喝拉撒也能侃上一天一夜。常有人把世俗误解为庸俗、恶俗、低俗,将其弃如敝屣,却不明,所谓"世俗",是那民间大地里自然而野蛮生长出的活力。

在当代中国文化发展脉络中,传统的世俗景象历经波折,被打压、破坏、清除,直至二十世纪八十年代末才再度复苏,且一度如野草般"春风吹又生",以汹涌之势回潮。寻根文学、新写实文学、民俗热的兴起均是此间证明。阿城强调,"以平常心论,所谓中国文化,我想基本是世俗文化吧",[1] 它本应是文化生态系统中重要的一支,与主流意识形态下的士大夫文化形成一种自为的平衡,就像森林中的不同树木对自然系统的意义。对当代文化而言,世俗是根基,也是新质,所以阿城耗心力笔墨创作《闲话闲说:中国世俗与中国小说》,勾连起世俗与中国文化结构的"文法"关联,警醒世人。纵然世俗文化在一些时期断

---

[1] 阿城:《闲话闲说:中国世俗与中国小说》,江苏凤凰文艺出版社,2016,第122页。

裂、消弭、远离，却又始终在自为的空间下生生不息。

《闲话闲说》一书中，阿城将视野聚焦于世俗民间，以时间为脉络，对"世俗"在社会、文学等方面的影响系统归纳，内容兼容并蓄，妙趣横生，全书未定义"世俗"概念，却将笔触散播于生活、社会、哲学、政治、伦理、心理等诸多范畴，带领人们从不同方面体会中国文化的世俗性格。

究竟何谓世俗？我们大概可以体悟，世俗是商代甲骨文所记录的不涉玄虚、日常而现实的提问；是《南齐书》《禅苑清规》所记载佛寺典当、拍卖等营生的"人间"行径；是秦始皇焚书却保留的医药、植树等实用之书；是唐代如流行音乐般流传市井的通俗诗歌，甚至具体如衣食住行、吃喝拉撒、柴米油盐、三姑六婆等，生活、实用，才是世俗的本位。

中国文化自古便已生成世俗性格，古籍所载，已四散弥漫着一派人间烟火气：看段成式的《酉阳杂俎》，记述的尽是唐朝的世俗典故、物品来源；读崔令钦《教坊记》，大可见唐时长安、洛阳繁盛光彩的生活景观；曾以为高深的《楚辞·招魂》，其实也像一场饕餮盛宴；《封神演义》更是将世俗间的优秀分子组成一队，共列道教神班。在普世认知中，儒、道常被提升到形而上的哲学或是政治范畴，阿城则用世俗文化观和人文视角从中解读出平实的社会意义——儒教管理世俗的秩序，道教负责这秩序之间的生活质量。所以才有"儒道互补"之说。在阿城的书写中，同样无处不浸透着世俗相关的绘声状物，从世俗文化切入，他总结对小说的体察是"五四之前的小说，世俗之情溢于言表"。

讲回文学与文化。文化常以各种形态表现于文学作品，而任何文学作品都凝聚着某个时代的历史文化，两者相辅相成，时间性上却侧重不同。文学是以某一时段的社会为表现对象，折射历史的横断面；而文化却以历史的沉淀为前提，连接起历史与现实、过去与未来，具有历时性。在漫漫的传统文化长河中，文学是文化最重要的载体之一，而在文学中，小说确实最主要的体裁之一，它讲述着纷杂人世，也蕴藏着各个时代的文化基因。

在中国文学史中，小说本就是闲书，名副其实的世俗之物。班固《汉书·艺文志》言："小说家者流，盖出于稗官，街谈巷语、道听涂说者之所造也。"也就是说，小说是民间流传的杂言趣事。古代早期的史书，如《史记》《战国策》等记载史实事件、人物列传，描写之生动同如小说。到了魏晋，人们以志人志怪笔记闲来娱乐，文学的世俗性大为增显。宋代活字印刷术的发明，为通俗小说话本的流传提供了技术条件，使明清文人的创作在世俗化道路上越走越远，他们描绘着现实生活的图景，彰显光怪陆离的世俗世相。

世俗情态与世俗口语成就了盛极一时的元杂剧，世俗趣闻和世俗想象则将明清小说带到了平民化、世俗化的高峰。阿城说，"中国读书人对世俗的迷恋把玩，是有传统的，而且不断地将所谓'雅'带向俗世，将所谓'俗'弄成'雅'，俗到极时便是雅，雅至极处亦为俗"。[1]被附加经典名著光环的《水浒传》《西游记》《封神演义》《三言二拍》等，内容皆围绕世俗之象，而张爱玲、沈从文于现代文学的独特价值，也在于其描绘的不同于当时文学主流的世俗情态。

世俗文学远离政治，脱离诗意，却也因此生出天真气象、自为生机。《红楼梦》是世俗小说融入诗意的开始，而新文学兴起后，人们试图建立权威话语，开始全盘诗化小说。随着"新文学"和"新中国"的建立，世俗文学逐渐丧失了自为的空间，"工农兵文艺"更是强效的世俗消除剂。

不同于同时代成长的大多数人，阿城的知识结构包含着丰富的古代文化内容，面对当时的贫瘠文化土壤，他意识到渐近消失的世俗文化的重要性，所以自觉展示。

---

[1] 阿城：《闲话闲说：中国世俗与中国小说》，江苏凤凰文艺出版社，2016，第66页。

后来他提醒众人,"《棋王》里有'英雄传奇'、'现实演义','言情'因为较隐晦,评家们对世俗不熟悉,所以至今还没解读出来……不少人的评论里都提到《棋王》里的'吃',几乎叫他们看出'世俗'平实本义……"[1]于阿城而言,寻根文学最重要的意义在于撞开了世俗之门。虽然他强调汪曾祺的《受戒》应是中国当代世俗文学的起点,但不得不承认,在"寻根"发生后,文学才逐渐恢复了繁盛的世俗景观。

如评论家们的各种阐释,阿城的小说自带浓厚的世俗质感,不仅于此,他对香港自为而热闹气象的欢喜,对《中国电影的世俗性格》的剖析,他入世近俗的生活态度,所痴迷贪恋的世俗烟火,都流露着深切的世俗情怀。

随着改革开放后社会的稳健发展,近年来,中国的文化语境愈发倾向于大众化、娱乐化、商业化的态势。面对这种境况,反世俗化、去世俗化的声音不免此起彼伏。然而,倘若于此便将世俗全盘否定,甚至视为糟粕,则错到荒谬。如阿城认为的,"世俗既无悲观,亦无乐观,它其实是无观的自在"。[2]世俗的自为、自发,使它带有

---

[1] 阿城:《闲话闲说:中国世俗与中国小说》,江苏凤凰文艺出版社,2016,第149页。

[2] 阿城:《闲话闲说:中国世俗与中国小说》,江苏凤凰文艺出版社,2016,第77页。

自己的平衡性，所以阿城坚持，还是那句，君子和而不同，以无为的态度观察或欣赏，而非影响。就算以马克思主义辩证法来说，任何事物都具有两面性，且处于不断发展的状态，世俗亦然。

人们对世俗的批判或推崇，恰恰是两个方面，也是文化再造的重要内容。面对未来的文化发展，人们可以有所选择地摘取、延续，也可以将它视为时过境迁的旧样式，不予理睬。无论选择与否，世俗内容的保留都为历史提供了一份记录，为文化的发展提供了一种可能。当然，如阿城所反复强调的，世俗是自为的，一切最终都是发展的必然结果，任何主观意识也无法左右。人们所需做的，只是保留。为文化保留一种可能，才能如阿城所说，让我们"常常用三五种可能来看世界，包括看我自己"。[1]

映照中西的文化之思

谈及阿城，人们心中往往自动生成一条沟壑，将他与西方隔开，或者反之，习惯性地奔向寻根、传统、古

---

[1] 阿城：《闲话闲说：中国世俗与中国小说》，江苏凤凰文艺出版社，2016，第158页。

典等语境之内,关于他的文学创作、文论思想,知识构成、文化观念的探讨,大多忽视了他对西方文化的认知和思考。按照"君子和而不同"的博采众长之道,西方文化必然是多彩的人类文化的一部分。阿城虽不曾主张文学西化,却对其有所把握,并将其当作参照,形成对中国文化发展的长久反思。北大教授陈平原正是对此有所体察,所以提醒道:"不能忘了,阿城作为画家,从民间艺术中悟出了好多体会,与西方现代艺术精神颇有相通之处,这对阿城的小说创作不无影响。"

二十世纪八十年代文化热是中国当代文学史中的一场巨浪,除了受国内宽松的环境影响,西方文化的流入也是一大动力。如陈思和先生所讲,和二十世纪二十至四十年代相比,"文革"后国内文学界对西方现代主义的介绍显然更加全面系统,从十九世纪末的早期象征主义到二十世纪后期的后现代流派,都逐渐为中国文坛所知悉。随着一些译介活动的深入展开,二十世纪八十年代初的文艺创作和批评领域产生了相应的反响,在诗歌、小说、戏剧的创作中相继出现了一系列作品,不同程度地体现了一些新的美学原则。[1]从小说创作来看,残雪笔

---

1 陈思和:《中国当代文学史教程》,复旦大学出版社,1999,第262页。

下荒诞、扭曲、梦魇般撕裂的生存景象，带有鲜明的西方现代荒诞小说的影子；莫言自发轫之作《透明的红萝卜》，便带有拉美魔幻现实主义风格的想象。不论是王蒙《春之声》中主观镜头的意识流表达，还是《冈底斯的诱惑》形成著名的"马原的叙事圈套"，甚至最具中国传统特质的"寻根文学"，也是源于将"中国文化土壤作为西方现代文化的接受场"的转化思考，实为一次"西为中用"的文学尝试。

作为文学史的探索者，需理性地认识八十年代文学产生的客观环境：心理分析小说、意识流、魔幻现实主义、新小说派以及形式主义、叙述学、结构主义以及存在主义等理论成为人们所关注与争论的热点。在这种情况下，中国作家在八十年代初便有意识地在自己的创作中运用西方文学中现代主义以来的艺术手法与文学观念。可以说，花团锦簇的八十年代文学受西方文学影响至深。

于此，不是意在将中国八十年代的文学成就推向西方，而是要申明，西方文学和中国人文传统共同构铸着中国当代文学璀璨的星空，断无法使两者泾渭分明而孤立存在。八十年代的中国文坛以西方文学的新鲜血液注入中国传统体态，由此才焕发出不一样的勃勃生机。

对于任何文化样式，阿城都予以极大的包容性："你不管是找传统也好,找西方也好,这样你的知识结构和知识构成才会丰富一些,你就会从原来的那个意识形态脱离开,或看得开一些。"[1] 他将西方文化视为一种文化资源,反照传统,映向发展。如同陈丹青与查建英访谈时对阿城的评价——历史主义者,他大概是把一切都当作了一种历史的过程,所以才能怀着一种开放的心态,不是盯着一个事物,也不是只认同某种东西,而是拥抱存在的各种各样的事物。在多元而勾连的文化格局中,发展的启示和转机也都孕育其中。

虽然各种声音纷纷将阿城指向传统,但是梳理他的文论会发现,早在少年时期琉璃厂的旧书店中,他心中的西方文学艺术世界,便已勾画出了模样:莫奈、梵高、康定斯基,以及左翼引进的麦绥莱勒、珂勒惠支,表现主义的格罗兹,鲁迅喜欢的比亚兹莱等等,他都早有涉猎。文论中,他也不乏引述了大量西方文学作品中的内容,如乔伊斯的《尤利西斯》,普鲁斯特的《追忆似水年华》,聚斯金德的《香水》,卡夫卡的《变形记》《城堡》《审判》,高尔泰的《寻找家园》,薄伽丘的《十日谈》,托尔斯泰的《安娜·卡列尼娜》等。小说《棋王》中,更提及经典名篇名著杰克·伦敦的《热爱生命》和巴尔扎克

---

[1] 阿城:《脱腔》,江苏凤凰文艺出版社,2016,第194页。

的《邦斯舅舅》。由此可见，阿城的知识构成并不缺少西方这一层面的影响，只是他将西方作为了一道参照体系，最终选择了返归到传统的土壤。

关于中国现当代美术的发展体系，阿城参照西方，反思认为，二十世纪初，德、奥绘画的表现主义深刻影响了上海左翼画家的创作，后由于受延安文艺观影响，抗日战争期间李桦、古元等版画家的创作转向中国民间木版画，到了近二十年，中国造型艺术兴起，才再次体现出"补习"表现主义的味道。

同样，对于中西知识文化的基础，他提出认识现当代的西方文化知识必须以犹太审美为基础背景，就像中国人不一定都看四书五经，却都耳濡目染孔孟之道、三纲五常，而西方文化的主流大多是犹太人构建的，马克思、伯格森、维特根斯坦、罗素、海德格尔、萨特等，数之不尽，横跨哲学、艺术、文学、科学等诸多领域。以中西对应参照，他同时总结出各自的特点。例如，中国哲学是直觉性的，西方哲学是逻辑实证的；东方认同自然，西方认同人本；东方艺术状心，西方艺术状物；中国"审丑"式美学始于庄子，而西方到现代主义时期才开始出现。

其实阿城对中西文化的态度始终秉持着《文化制约着人类》所表达的理念：中西方文化的发生与发展，极不相同，某种意义上是不能互相指导的。对中国文化的批判，虽可借用西方的方法论，破除封闭的现状，但方法不是本体。须知，就封闭来说，世界文化便封闭在地球这个星体上，中国文化不过是整体中的部分，西方文化作为整体中的另一部分，能为中国文化的发展提供足够多的知与识，以此交叉判断，才能深入文化的肌理。

面对多样文化景观的建构，或许有人会提出错误引入糟粕、落后、弊病、劣根的担心和质疑，不过就像阿城所说的，"尽多译些思维材料，管它是不是西方的什么什么，放轻松，我们还没失掉一种能力叫判断。"[1]

认识论的思辨色彩

还是和而不同，阿城对书籍的选择，同样秉承不判断好坏、都看、都了解的态度，最终是以他丰富而真实的阅历为基础，以历史性的思辨为条件，判断得出结论。"要能够由'正'及'反'、由'反'验'正'，在读书时，根据自身的知识储备，从自己的内心，积极寻找与书籍作者观点相左的观点。这种处于独立思考状态的读书，或是否定自己，或是否定他人，有助于避免唯书唯上的教条主义恶习，从而在反复的比较和比对中得到有益的

---

[1] 阿城：《文化不是味精》，江苏凤凰文艺出版社，2016，第51页。

知识启示。"[1]

如马克思主义世界观强调，世界是一个相互联系、相互作用的有机整体，且处于不断变化和发展之中；同时，世界又是具有客观规律的，不以人的意识为转移。将这种观念平移至文化范畴，我们便可容易理解阿城对文化的认识所带有的历史性、客观性的思考和视角。

在《文化不是味精》中，面对读者关于文化如何生存的提问，阿城回答："文化不是生存，它是规定。我们是在规定下才能够生存。不是文化自己单独生存。……我能够做的是越来越客观，所以，我会仔细地留意历史，留意前辈告诉我们的历史是不是那样的。"[2]历史性和客观性构成了他对文化思辨的主导方向。以历史流变为根基，阿城将萨满文化视为早期艺术形式萌芽的源头，随之衍生出绘画、舞蹈、诗歌等艺术样式，太平鼓、二人转乃至诸多传统文学叙事母题均是萨满文化遗留的符号；以历史发展为脉络，并引据大量文本和现实的例证，他为我们梳理出世俗文化由繁盛到荒芜再回潮复归的转向。包括孔子原儒思想在后代的异化过程，诗化美学在文艺

---

[1] 修晓林：《文学的生命：我和我的作家朋友》，上海文化出版社，2016，第310页。

[2] 阿城：《文化不是味精》，江苏凤凰文艺出版社，2016，第8页。

发展中的变化影响,《洛书河图》和《昙曜五窟》对文明造型的源流疏通在历史进程中形成连贯性、贯穿性的探索观察,使传统之流渗透于当代文化的肌理,徐徐漫过。

对问题的思考,他惯于设身处地结合时代环境再予以评判,对他人的评价言论,他亦是遵循此种方式。如阿城极为欣赏的李辰冬《诗经研究方法论》,就带有浓厚的历史考证特点。文中对地名的解说,通连古今,必要时还解释其历史与环境,并讲述关联的历史事迹;对人物的追查,详尽到时代、地域、职位、人物关系、诗篇地位等;凡遇史事,必清晰交代精准的时间、地点、人物,与历史事实印合匹配。通过福尔摩斯般细致入微的历史考证,才最终得出《诗经》的真实性论断:不仅是一部千古不朽的文学伟著,也是一部活生生的宣王复兴史与幽王亡国史。

对待万事万物,阿城都秉持着一种深而广的观察理念,他认为需要设身处地,兼顾对长远时空考察,才能判断现象。可以说,历史性造就了其文化认识纵向的深度,客观性造就了其文化认识横向的广度,纵横交错间,才能够真正做到立体而不失偏颇的考量和判断。客观地以思考为条件,要求人们抛却主观色彩,对事物的存在进行本质性的、客观实在性的辨析。如《常识与通识》中,阿城常以生物学角度带入,阐述一些形而上的理念,而生物学正是人类不以主观意识而转移的、本质性的"客观规律"。食物的蛋白酶与思想情怀，古哺乳类动物脑中的中枢神经系统与情感冲动，意识催眠系统与艺术审美，动物的攻击性本能与人际关系，还有杏仁核与情绪、海马回与记忆等，这些貌似互无关联的元素，通过阿城以生物结构常识为基础的科学阐释，却形成了客观而合理的辨析。客观性又以观察为条件，经由对现实的真实扫描，才能去伪存真、去粗取精，由此及彼、由表及里地准确揭示事物的本质。

如汪曾祺对阿城的评价："他对生活的观察很精细，能够从平常的生活现象中看出别人视若无睹的特殊的情趣。他的观察是伴随了思索的。否则他就不会在生活中看到生活的底蕴。"[1]《棋王》中王一生"吃"的真实，《树王》中熊熊烈火灼热而沉痛的真实，《孩子王》中捉襟见肘简陋的真实，都源于阿城知青时期对生活深入切肤的观察经验。不止文本创作，在现实生活和文化方面，他也常由生活的观察经验出发进行思考。如对于青铜器造型图案的解读，阿城反思古代阶级观念下奴隶的卑微身份，并无法见识到藏之高堂的彝器，由此驳斥李泽厚所说的"狞厉的美"。他还根据自己对古代巫文化系统中权

---

[1] 汪曾祺：《独坐小品》，宁夏人民出版社，1996，第108页。

力转变的了解,由幻象艺术的造型原理,将彝器的图案推演为"狂欢之美"。面对事物、问题,由历史和客观现实进行反思观照,最终得出确立结论,才是阿城对文化思考的原则。

中国当代教育模式中,学生常常会将所灌输的知识、理念视作真理或事实,而遗弃了自身考证、思辨的能力。因而,历史被遮蔽的部分就消失了价值和意义,扭曲的、异化的部分却往往被断章取义,成为人们普遍的认知。所谓知识,不一定为智识,所以有人批判当代社会存在的"反智"现象。面对未来文化的发展,想要在多样而繁杂的文化基础上推陈出新或另辟蹊径,最重要的便是保持智识,在历史和客观的思辨中进行选择和判断。

"文化虽然靠创造,更要靠积累,以至没有积累就没有文化。"借用阿城在《思想与蛋白酶》中的例子,文化可能也有它种类、结构多样的蛋白酶,尽早地接触、尽多地积累各种文化样式,才能在未来的发展中予以整体性的判断、选择,使之衍生出更为多样的景观。

写在最后

"食者化其身"是阿城于2021年3月在北京"为了前方——张光宇诞辰120周年纪念展"闭幕讲座上，对张光宇先生的诠释。这也是他在文学道路上的坚持——深浸到时代之境，以个人思维，汲取繁杂多样的养分雨露，炼化自身血肉，恰如其分地使个人与现代的、民族的融汇一体，不曾与传统断绝。

以此为依，在文论《生活理想与审美理想》的作证下我们不难理解，阿城笔下的传统，实为现代眼光对往昔历史的观照，犹如其多年前所寻之"根"，不仅在当时语境有着变革现实、守卫文化多样性的意义，且在当下及未来，依旧挥发着相应的价值，意在从历史中、世俗中，从西方，从一切的不同文化中汲取养分，蕴具一种通达。这种观念在阿城身上被具化为：对传统的追根溯源，对知识结构的差异强调，甚至对渐近失落的原儒文化、萨满文化的打捞，这些无一不是对渐近消逝的文化的寻回。无论是观赏世界的态度视角，还是文明发展的路径方向，多样性都存在基石的意义，促进碰撞、引申思索、带动辨析。多样性对文化发展而言，犹如接洽时间流脉的节点，面向历史，予以传承、延续，面向未来，提供发轫、进化的可能。

当我们回顾阿城的人生和他的创作时，不得不延长半径，打破局限与狭隘，散发至更多被人忽视的点滴。人生悠悠几十载，拾取一个片段便也只能得到短暂风景。从前，我们未深入走近阿城的家庭，只知其幼年家道中落被迫处于主流的边缘，却不曾了解其父钟惦棐耳濡目染间更隐性的濡染，又怎会知晓两人在精神思想与艺术品格中相互联结、渗透的共鸣；从前，我们未靠近十年上山下乡的知青记忆，只知他北朝黄土面朝时对书本的不舍，却不知三王乃至遍地风流的故事，都是生命现场赋予他的最真实的经验，所以更将人心触动得深切。更如从前，不将《生活理想与审美理想》一文重提，便无法推翻评论者对《棋王》道家色彩价值的指认或诘难；不了解其现实主义审美，便不知阿城热衷的"自然主义"写作同于古典修辞的"刷色"。当我们尽可能将以往的点滴积聚整理，一条条隐秘而未被察觉的线索在渐变清晰，阿城所书写的世界，也渐渐完整而立体。

既为立体，则不只要寻其时间线性所积蕴的历史脉络，更要试图将其文字铺展，在更多样的艺术方式中细致考察、比对，以理清其思想、经历、兴趣、创作间的交错勾连。如果将文学作为一枚卡尺，那我们对阿城的了解则犹如管中窥豹，只有以美术、音乐、电影与小说的多元融合为视角，才能了解阿城及其作品所蕴含的创造性、现代性的文化特质。固然任何学科在美学上都有自己的范畴，它们在发展中存在一定的相互影响，但其本质却始终独立在各自的学科之内，才得以使自身语言变得愈发成熟。美术即视觉语言，音乐即频率语言，虽然电影采取了更多的艺术表达方式，但电影所蕴含更多的是美术、音乐的素质，与文字符号不同。文学无法像美术、音乐、电影进行直接的视听表达，它需要作者将文字高度"内化"，才能表现出近似美术、音乐、电影所传达的感觉和意义。阅读阿城的文字，无须明言便可将人引向同于中国画一般的艺术景观，其决定性因素无疑是其自身文学审美与美术修养的共鸣同频。同样地，阿城小说所流露的旋律感、节奏感、对位曲式是阿城对音乐技巧的有意运用更有据可查；而小说自带的电影特质，更使"三王"早已相继被拍为知名电影作品。

如果说与其他艺术形式的比对，是对阿城小说创造性、现代性文化特质的剖析，那么洗净这些色彩，再次返归至中华传统的文化范畴，则更可明晰阿城小说历史性、传承性的特质。其间不免混杂着些许陈词滥调，不用刻意重复，但其小说鲜明的新笔记文体、半文言风貌、充满诗意的表达仍独放异彩，带有属于他的韵律和魅力。于此，只有更为深入探寻此前人们忽视的地带，才能发现别样的新奇。例如阿城新笔记体小说《遍地风流》的社会样本集纳功能意义：一系列对于时代风貌、社会生活的记录，它所展现出的史料性意义往往被批评家所忽略。《遍地风流》所蕴含的社会质感不仅是文本的创作原色，更记录着作者在时代生活中所见所闻的真实印记，带有社会学意义上的样本集纳功能，展现出那个时代许多不同的典型现象。例如阿城有意对汉语字词本意的复位性努力：凭借对语言文字天生的敏感，阿城不仅延续了传统文学的语言范式，充分体悟并最大程度发挥汉语的意蕴、意境，同时，他极为注重字词本义的考究、现代以来外来语的掺杂运用，以及汉语字词本义的发展变形等，强调并注重在历史的梳理中，对当下汉语予以复位性的诠释。这无疑是对最传统的文化的坚守。

不止于文学笔法、技巧、结构乃至思想神韵的把握，阿城的文化根底、艺术修养、知识结构植于中国传统文化，其构成庞博繁杂、贯通古今中西，有着丰富的内涵。在通读其全部论著后，笔者亦提炼出自认为最重要的几点：自由思想、萨满文化、世俗性人文视角和科学思维等。这些要素如同散落的繁星点缀于其众多文论之中，弥漫四布，贯穿始终，却也支撑起其话语脉络的结构骨架。只有理解阿城同于孔子"从心所欲不逾矩"的自由，才能懂得他看待世俗的意趣和逸出之态，也才能通晓"三王"中"我"内在的精神自由；只有理解巫作为文化元素的根脉，才能懂得阿城晚年在《洛书河图》中对艺术造型的不灭探寻，才能感知到他对活化石般古老文明的珍惜。只有知其观世俗而不妄下俗论，才能发觉阿城的定见，拥常识，明智识，在历史和客观中，照见反思的结论。这亦是笔者最为欣赏阿城的独到处。

总之，本文对阿城的研究试图予以尽可能周全的整体概括。横向分析其文学作品与其美术、音乐、电影等其他艺术形式间的影响关系，借鉴其他艺术形式的观念、规范、方法，结合文本细读的研究方法，从非小说艺术的角度对阿城的小说创作进行多维度探究，并于纵向以发展性、历史性、系统性的目光审视阿城至今的创作，试图在纵横交汇间，对阿城创作做出立体的研究。这亦是本论文较之其他阿城相关研究的亮点和不同点，希望尽可能勾画出一个尽量完整的"阿城"。

尽管如此，阿城还是给我们留下了诸多思考和诠释的空间。譬如，他所言的"知识构成"始终是其文学生命中长久不息的主题之一，但其自身的"知识构成"过于庞杂,单纯的罗列并无法彰显其价值,更不足以剖析阿城成为时代中独特的"这一个"的缘由,仍待梳理。此外,阿城于二十世纪八十年代在香港、台湾地区红极一时,是自鲁迅后第一位名声大噪的内地作家,然而港台地区资料查询渠道有限,其间缘由与境况亦有待探索与考证。至此,阿城算是读完,但是关于他的"故事"众人仍可以一谈再谈。

图书在版编目（CIP）数据

行在文脉间：闲说阿城和他的创作 / 冯译萱著. 太原：山西人民出版社，2025. 9. -- ISBN 978-7-203-13480-0

Ⅰ. I206.7

中国国家版本馆 CIP 数据核字第 20241B8L57 号

行在文脉间：闲说阿城和他的创作

著　　者	冯译萱
责任编辑	刘　远
复　　审	傅晓红
终　　审	梁晋华
装帧设计	陆红强
出 版 者	山西出版传媒集团·山西人民出版社
地　　址	太原市建设南路 21 号
邮　　编	030012
发行营销	0351-4922220　4955996　4956039　4922127（传真）
天猫官网	https://sxrmcbs.tmall.com　电话：0351-4922159
E-mail	sxskcb@163.com　发行部 sxskcb@126.com　总编室
网　　址	www.sxskcb.com
经 销 者	山西出版传媒集团·山西人民出版社
承 印 厂	唐山玺诚印务有限公司
开　　本	870mm×1120mm　1/32
印　　张	11
字　　数	200 千字
版　　次	2025 年 9 月　第 1 版
印　　次	2025 年 9 月　第 1 次印刷
书　　号	ISBN 978-7-203-13480-0
定　　价	58.00 元

如有印装质量问题请与本社联系调换